Ani*El
Die zwölf Dimensionstore

Ani*El · Anita Lang

Die zwölf Dimensionstore

*Farbstrahlen und Lichtgeometrie
der Engel*

Ryvellus
bei Neue Erde

1. Auflage 2011

Anita Lang/Ani*El
Die zwölf Dimensionstore

© Anita Lang/Neue Erde GmbH 2011
Alle Rechte vorbehalten.

Titelseite:
Illustration: Anita Lang
Gestaltung: Dragon Design, GB

Satz und Gestaltung:
Dragon Design, GB
Gesetzt aus der Eldorado Text

Gesamtherstellung:
BELTZ Bad Langensalza GmbH, Bad Langensalza

Printed in Germany

ISBN 978-3-89060-586-9

Ryvellus ist ein Imprint bei Neue Erde.

Neue Erde GmbH
Cecilienstr. 29 · 66111 Saarbrücken · Deutschland · Planet Erde
www.neue-erde.de

Doch ihr, die echten Göttersöhne,
Erfreut euch der lebendig reichen Schöne!
Das Werdende, das ewig wirkt und lebt,
Umfass' euch mit der Liebe holden Schranken,
Und was in schwankender Erscheinung schwebt,
Befestiget mit dauernden Gedanken.

Goethe, *Faust*

Inhalt

TEIL II

Vorwort von Anita Lang

Als ich im Jahr 2002 begann, ein Engelbild zu malen, ahnte ich noch nicht, daß sich daraus ein ganzer Zyklus von Engelbildern entwickeln würde. Unglücklich über den Beginn des Irakkrieges, wollte ich in eine Sphäre von Frieden und Harmonie eintauchen. Deshalb entstand als erstes Bild Erzengel Michael, in dem ich damals noch ganz naiv den Schutzengel und göttlichen Ordnungshüter sah.

Nach und nach entstand im Lauf von sieben Jahren ein Zyklus von siebzehn Engelbildern, die zwölf Engel der Farbstrahlen und die Engel der fünf Elemente. Ich malte die Bilder in einem meditativen Zustand und sah die Engel vor meinem geistigen Auge umgeben von Symbolen, von deren Bedeutung ich damals nur wenig verstand.

Die Sphäre der Engel erschloß sich mir nur sehr langsam. Alles, was ich über sie gelesen hatte, befriedigte mich irgendwie nicht und lieferte auch keine Erklärung für meine Bilder. Die Schriften des Henoch und die kabbalistischen Schriften, auf die ich bei meiner Suche nach authentischen Quellen über die Erscheinung von Engeln gestoßen war, eröffneten ein sehr ambivalentes Panorama von sogenannten »guten« und »bösen« Engeln und dem magischen Umgang mit ihren Namen. Auch Dionysius Areopagita, der Engelexperte der christlichen Tradition, half mir bei der Interpretation meiner eigenen Bilder nicht weiter.

Aus diesem unbefriedigenden Forschen entstand langsam der Wunsch in mir, nicht nur über das innere Sehen, sondern auch über das innere Hören mit dieser Sphäre in Kontakt zu kommen, um Antworten auf all die Fragen zu erhalten, die sich inzwischen in mir aufgetürmt hatten.

Ich bin sehr dankbar dafür, daß dieser Wunsch in Erfüllung gegangen ist und daß ich mehr an Antworten und Erkenntnissen erhalten habe, als ich Fragen gestellt hatte. Nachdem ich das letzte Engelbild gemalt hatte, erhielt ich das Wissen über die Sphäre der Engel in Form von Texten, die ich innerhalb kürzester Zeit aufzeichnete. Es waren immer in sich abgeschlossene Texte von etwa acht bis zehn Seiten. Die Energie war dabei so stark, daß ich oft nicht in der Lage war, eine innere Frage zu stellen. Wenn es mir gelang, kamen mir die Fragen hinterher ziemlich einfältig vor, aber sie wurden von den Engeln immer beantwortet.

Zuerst dachte ich, daß es sich bei den Texten um einzelne Themen oder um Interpretationshilfen zu den Bildern handeln würde, aber mit der Zeit erkannte ich, daß sich dahinter ein System verbarg, wie man mit der Sphäre der Engel in Kontakt kommen und mit ihrer Hilfe seinen feinstofflichen Körper ausheilen kann.

Die Texte waren wie ein Lehrgang für mich und auf meine jeweilige Situation abgestimmt, um meinen Alltag besser zu meistern oder anfallende Probleme in einem anderen Licht zu sehen. Irgendwann entdeckte ich die Struktur in den Texten und sah, daß es sich um ein Lehrbuch handelte, das mir in Form eines Puzzles gegeben worden war.

Die Schwingungen der Engel der einzelnen Farbstrahlen fühlten sich für mich sehr unterschiedlich an. Außer den bekannten Engelnamen Michael, Gabriel, Uriel und Raphael erhielt ich keine weiteren Engelnamen, vielleicht auch deshalb, weil ich durch die Lektüre der kabbalistischen Schriften in Bezug auf die Benutzung von Engelnamen verunsichert war.

Erst als ich die Lehren der Elemente-Engel empfing, verspürte ich die klare Präsenz eines Engels mit dem Namen **Ani*El**. Ich erfuhr, daß er dieses Buch koordinierte und meine Verbindung zu den einzelnen Engelstrahlen leitete. Mit der Zeit begriff ich, daß dieses Buch als Ganzes in einer anderen Sphäre bereits existierte und mir stückweise, nach meinem eigenen Lernbedarf gegeben worden war. Für mich ist der Autor dieses Buches deshalb **Ani*El**.

Mit dem Kapitel **Einführung in die zwölf Strahlen** beginnt der Text der Engel. Im letzten Teil, **Fragen und Antworten**, habe ich all die Fragen zusammengefaßt, die sich mir später bei der Lektüre des Textes noch stellten und auch Fragen von allgemeinem Interesse, auf die ich eine direkte Antwort der Engel bekam.

Alle im Text angegebenen Übungen habe ich selbst ausprobiert und für gut befunden. Durch die Übungen stellten sich immer wieder Zeiten intensivsten Farbempfindens ein und damit ein Schimmer davon, welche Klarheit und Prägnanz höheren Schwingungswelten innewohnt. Ein stetes Üben und sich Beschäftigen mit den einzelnen Farbstrahlen ist wie bei allem der Schlüssel zur Entwicklung. Der Gewinn davon ist eine dauerhafte Verankerung in einer Sphäre der Harmonie. Durch die Umwandlung unserer Gedankenmuster erzeugen wir auf dem dreidimensionalen Bildschirm unseres Lebens einen kohärenteren und harmonischeren Fluß des Geschehens. Die wichtigste Erkenntnis aus den Lehren der Engel ist, daß diese Sphäre des Guten und Harmonischen ständig bereit ist, uns zu helfen und uns in einen Fluß der Entwicklung zu führen, wenn wir wenigstens ein Minimum an Bereitschaft zeigen, uns dieser Sphäre vertrauensvoll zu öffnen.

Mein Anliegen ist, mit der Herausgabe dieser Schriften einen spielerischen und vertrauensvollen Zugang und Umgang zu dieser Sphäre zu eröffnen, verbunden mit der Hoffnung, daß das Potential der Farbstrahlen und Geometrien in der Zukunft von uns allen erkannt und ausgeschöpft werden wird.

Die Niederschrift der Engeltexte begann im Januar 2009, den einführenden Text erhielt ich aber erst sehr viel später, und er half mir dabei, den Aufbau der Texte zu erschließen.

TEIL I

Einführung
in die zwölf Farbstrahlen

In den zwölf Farbstrahlen sind alle göttlichen Eigenschaften, Qualitäten und schöpferischen Potenzen enthalten. Da ihr Kinder der höchsten Liebe und Intelligenz seid, stehen euch auch die Farbstrahlen mit all ihren Möglichkeiten zur Verfügung. Aber die wunderbarsten Werkzeuge nützen euch nichts, wenn ihr nichts von ihnen wißt und auf sie keinen Zugriff habt. Die Welt der Farbstrahlen ist die Welt alles Aufbauenden und Guten.

Im ersten Teil des Buches stellen wir euch die zwölf Farbstrahlen mit ihren individuellen Möglichkeiten vor.

Im zweiten Teil erklären wir euch den Aufbau eures Vierkörpersystems (physischer Körper, ätherischer Körper, Emotionalkörper und Mentalkörper), seinen Bezug zu den Elementen und den platonischen Körpern (s. a. **Das Vierkörpersystem und die platonischen Körper**, Seite 110). Wir zeigen euch durch Übungen, wie ihr euer Vierkörpersystem soweit ausheilen und bereinigen könnt, daß ihr die zwölf Strahlen in vollem Maße für euch nutzen könnt.

Man kann die zwölf Strahlen auch als die zwölf Kanäle göttlichen Wirkens begreifen oder als zwölf Dimensionstore, die ihr öffnen könnt, um eine geistige Welt voll Harmonie und Schönheit zu betreten. Jede Farbe hat ein eigenes Informationsspektrum, das sich durch alle zwölf Ebenen (Dimensionen) erstreckt. In der dreidimensionalen Welt ist euch nur ein geringer Teil des Informationsspektrums einer Farbe zugänglich. Ihr könnt aber schon in dieser Welt euer Bewußtsein den höheren Frequenzen einer Farbe öffnen. Ihr könnt euch von hier aus auf die zwölf Strahlen einstimmen, sie erforschen und euch in ihnen weiterentwickeln.

So bunt und vielfältig euch eure Welt auch erscheint, so ist sie doch nur schattenhaft gegenüber den Farbintensitäten und der Informationsdichte höherer Dimensionen. Wenn ihr euch aber intensiv mit den Farbstrahlen auseinandersetzt und mit der Welt der Engel die dahintersteht, werdet ihr bemerken, wie euer Farbempfinden sich vertiefen und damit auch eure Intuition klarer wird. Wenn die Beschäftigung mit diesem Buch euch zu größerer Ruhe, zu einem intensiveren Wahrnehmen und zu einem harmonischen Fluß des Geschehens führt, dann seid ihr auf dem richtigen Weg.

Eure Wissenschaft hat längst bewiesen, auch wenn dies noch nicht in die Breite des Allgemeinwissens vorgedrungen ist, daß es keine objektive Wirklichkeit gibt. Das, was ihr als gemeinsame objektive Welt wahrnehmt, ist nur die Verflechtung eurer gemeinsamen Überzeugungen. Ihr könnt die Wahrnehmung eurer Welt nur dadurch erweitern und einen Zugang zu transzendenten

Welten erhalten, wenn ihr die Grundlagen entschlüsselt. Dann öffnen sich die Tore, und ihr seid in der Lage, neue Dinge wahrzunehmen oder Altes in völlig neuem Licht zu sehen. Diese Art des Wahrnehmens wird euch mit tiefer Befriedigung erfüllen, denn ihr werdet mehr und mehr sehen, daß ihr Lichtwesen in einem Lichtuniversum von unendlicher Schönheit seid. Die Beschäftigung mit den zwölf Licht- oder Farbtoren stellt einen einfachen Weg dazu dar, weil ihr damit in eurem Alltag beginnen könnt. Ihr braucht dazu kein Religionssystem und keine äußere Führung. Ihr braucht nicht einmal den Glauben an Engel, denn Farben sind eine Tatsache, die euch überall umgibt. Welchen Namen ihr uns gebt, ist letztlich völlig unerheblich. Wir sind die Kräfte, die hinter eurer Lebensbühne wirken, und wenn ihr wissenschaftlich denkt, so könnt ihr uns auch die Namen all der Quantenteilchen geben und nennt uns eben Elektronen, Neutronen oder Photonen. Ihr könnt uns all die Fantasienamen geben, mit denen eure Physiker die immer neuen Teilchen des Quantenfelds benennen. Diese Teilchen tauchen aus dem Nichts auf. Das Nichts gibt es aber nicht, sondern nur das »Alles, was ist«, das **ICH BIN**.

Engel, wie sie seit Jahrhunderten auf Bildern festgehalten werden, sind ein Symbol. Wir werden als Wesen mit Flügeln dargestellt, die den Menschen zu Hilfe eilen, göttliche Wahrheiten verkünden oder göttliche Ideen überbringen. Euer inneres Vorstellungsvermögen nimmt die Energieschwingung und Intelligenz, die wir sind, auf diese Weise wahr. Ein großer Teil der Menschheit hat sich darauf geeinigt, uns als geflügelte Boten wahrzunehmen, und so habt ihr uns zu einem Archetypus in eurem Unterbewußtsein gemacht. Die Bilder, um die es in diesem Buch geht, sind deshalb so gestaltet, daß ihr über den von euch geschaffenen Archetypus mit uns in Kontakt kommen könnt.

Über den erkennbaren Inhalt hinaus sind diese Bilder aber auch mit dem Energiespektrum des jeweiligen Farbstrahls versehen und dienen als Toröffner für eine Beschäftigung mit den zwölf Strahlen. Durch die Betrachtung eines Bildes könnt ihr euch in das jeweilige Farbfeld »einloggen« und euch anschließend in einer Meditation bewußt für das betrachtete Farbfeld öffnen. Wir stehen bereit, euch dabei zu helfen, wenn ihr uns ruft.

Manchmal treten bei der Beschäftigung mit einem Farbstrahl am Anfang gewisse Schwierigkeiten auf, oder es werden Lernaufgaben eures höheren Selbst für euch eingebaut. Dies dient nur dazu, das jeweilige Farbfeld in eurem Leben besser zu integrieren, und führt euch nach einer Weile zu größerer Harmonie und Freude.

Die Übungen in **Teil II** des Buches sind hierfür nützlich und wichtig. Die Beschäftigung mit den Elemente-Engeln, die eng mit eurem Vierkörpersystem verknüpft sind, erleichtert euch den Prozeß der Integration der zwölf Strahlen.

Wenn euer Vierkörpersystem bereinigt und ausgerichtet ist und dadurch vollkommen schwingt, könnt ihr euch durch euren zwölffachen Strahlungskörper all das manifestieren, was eurem Herzenswunsch entspringt. Wir Engel des göttlichen Farbspektrums stehen bereit, mit euch gemeinsam eure Welt zu verwandeln.

Die Übertragung göttlicher Ideen auf den Menschen

Frage: Ihr sagt so oft, daß wir euch nur zu bitten brauchen und daß ihr auf unsere Einladung wartet, um helfen zu können. Auf welche Weise könnt ihr uns helfen und eingreifen?

Antwort: Das Reich Gottes, die einzig wahre Wirklichkeit, besteht seit jeher und liegt außerhalb eurer Vorstellung von Raum und Zeit. Als Seele seid ihr Bestandteil dieser Welt Gottes. Eure äußere Gestalt, eure Persönlichkeit, das, was ihr hier als Mensch seid, ist ein Teil des Lichtes dieser Seele.

Dieses Licht ist reines Bewußtsein und erfährt sich in dem Vierkörpergefüge aus Mentalkörper, Emotionalkörper, ätherischem und physischem Körper. Das Lichtspektrum, mit dem ihr euch hier verkörpert, ist aus der wahren göttlichen Welt abgesondert und erfährt in seinem persönlichen Horizont sein individuelles Lebensdrama, das von den besonderen Konditionierungen seines Mental- und Emotionalkörpers abhängt.

Wenn ihr mit der göttlichen Sphäre in Berührung kommen wollt, so müßt ihr zuerst euren Mentalkörper den liebevollen, harmonischen Schwingungen dieser höheren Sphäre angleichen. Es gibt zu diesem Thema viele Bücher. Sie liegen vorwiegend auf der Ebene des positiven Denkens, der vorausnehmenden Dankbarkeit für positive Erfahrungen, die erst in eurer Zukunft liegen.

Diese mentale Vorgehensweise ist richtig. Ihr müßt lernen, in jeder Lebenssituation die Vollkommenheit des Gottesreiches anzuerkennen und euch **nicht** mit den Konditionierungen und Dramen, die noch in eurem Mental- und Emotionalkörper gespeichert sind, zu identifizieren. Gleichzeitig solltet ihr die violette Flamme der Transformation (s. a. **Der zweite Strahl: Die Engel des violetten Lichts der Vision und der Erneuerung**, S. 28) anrufen, diese alten Muster durch das reinigende Gesetz der Flamme aufzulösen.

Wenn ihr euch aufrichtig bemüht, durch aufbauende und dankende Gedanken euren Mentalkörper zu durchlichten, erhöht sich das Schwingungsniveau so sehr, daß die alten abgedrängten und versteckten emotionalen Schmerzen und Ängste anfangen, in euer Bewußtsein zu drängen. Dies ist oft der Punkt, an dem viele der tapferen »Positivdenker« aufgeben und glauben, es habe keinen Zweck; sie glauben, der Wirklichkeit immer wieder zu unterliegen. Es ist aber nur die sogenannte »Erstreaktion« auf ihr positives Denken.

Wenn positives Denken über längere Zeit angewendet wird, drängen die tiefsitzenden Ängste an die Oberfläche und erzeugen auf der dreidimensionalen Leinwand eures Lebens wieder Situationen, die diesen tiefsitzenden Ängsten entsprechen. Wenn ihr an diesem Punkt seid, solltet ihr natürlich fortfahren, die Vollkommenheit des Gottesreiches als eine absolute Tatsache in euren Gedanken aufrecht zu erhalten. Auch wenn der Prozeß des Ausagierens alter Ängste oft lang erscheint, so hat diese Wegstrecke doch irgendwann ein Ende. Den Emotionalkörper von Ängsten und Verdrängungen zu reinigen, ist leider harte Arbeit.

Nun, wo liegt unsere Hilfe. Sie setzt da ein, wo wir göttliche Ideen in eurem Mentalkörper entstehen lassen können, dank eurer Einladung, durch einen Hilfeschrei oder durch ein Gebet von euch, das uns erlaubt, dies zu tun.

Diese göttlichen Ideen sind sternförmige Schwingungsmuster, die sich wellenartig und wohltuend in eurem Vierkörpersystem ausbreiten. Sie erreichen euer physisches Gehirn und lösen dort Aktivitäten aus, die ihr entweder als Entspannung wahrnehmt oder als zündende Ideen. Sie schreiben auf alle Fälle den Film um, der gerade bei euch abläuft. Über eure Gehirnwellen und Schwingungen, die ihr aussendet, seid ihr mit allen und mit allem verbunden. Ändern sich durch uns diese Wellen zu einem harmonischen Muster, dann löst dies auch in eurer Umgebung eine Kette an veränderten Ereignisabläufen aus. Euer Leben kann sich buchstäblich von einer Sekunde auf die andere verändern.

Warum müßt ihr euch trotzdem oft so mühsam durch die beengenden Muster eures Vierkörpersystems quälen, wo doch so dicht neben euch die göttliche Welt in ihrer Vollkommenheit schwingt?

Jeder von euch hat das Recht, seinen eigenen Weg in dieses Licht und in die Vollkommenheit zu wählen. Ihr wachst dem Licht in dem Maße entgegen, wie ihr die alten Konditionierungen loslaßt und an dieser Stelle keine neuen eigenwilligen Muster setzt, sondern euren ganzen Willen darauf richtet, das Licht und die Ideenfülle Gottes in euer Leben zu lassen.

Im allgemeinen ist dieser Prozeß ein allmählicher. Wenn das Licht der Gotteswelt sehr plötzlich in euch dringt, sind eure physischen Organe wie zerschmettert. Solche Erfahrungen haben Menschen immer wieder gemacht. Zum Beispiel Paulus auf seinem Weg nach Damaskus und viele vor und nach ihm. Auch in den Lebensläufen katholischer Heiliger oder in den Biographien der

Yogis könnt ihr nachlesen, wie deren Körper den hohen Schwingungen eines göttlichen Seinszustandes kaum standhalten konnten und sie oft lange zwischen Zuständen von Ekstase, Schmerz und physischer Schwachheit hin und her geworfen wurden, wenn sich der Prozeß der Veränderung zu machtvoll und zu schnell vollzogen hat.

Die individuellen Farbstrahlen

Frage: Was sind eigentlich die Farbstrahlen der Engel und warum ist das Wissen um sie so wichtig?

Jeder Farbstrahl umfaßt ein bestimmtes Spektrum göttlicher Eigenschaften, Qualitäten und Ideenwelten, die dem Menschen grundsätzlich zur Verfügung stehen, um damit in seinem Leben die Harmonie und Vervollkommnung zu schaffen, nach der sich die Seele sehnt.

Jeder Mensch wird während seines Lebens, ohne daß er dies weiß, von mindestens einem bis zu drei oder vier Farbstrahlen unterstützt. Der Farbstrahl, der im Monat deiner Geburt vorherrschend ist, hat einen starken und hilfreichen Einfluß auf dich. Am Anfang und am Ende eines Monats überlagern sich die Farbstrahlen, was bei einer persönlichen Zuordnung zu einem Farbstrahl bedacht werden sollte. In diesen Geburtskonstellationen ist der Zugang zu zwei Farbstrahlen prinzipiell da. Die Seele, die sich verkörpern will, wählt oft noch weitere Strahlen, wenn sie sich zu einem Dienst entschlossen hat und die Qualitäten eines besonderen Farbspektrums benötigt. Bei Partnerschaften summieren sich die Strahlen und ergänzen sich oft auf interessante Weise. Jeder Partner kann vom Farbspektrum des anderen profitieren.

Natürlich gibt es Farbtöne und Farbnuancen, die scheinbar außerhalb des Zwölfer- Farbschlüssels liegen. Die Zwölf ist aber für die menschliche Entwicklung und für dieses Universum eine derart grundlegende Zahl, daß es für die systematische Beschäftigung mit den Farben sinnvoll ist, auch andere Farbnuancen dem Zwölferschema unterzuordnen. Zum Beispiel könnt ihr den für die jetzige Zeit wichtigen Kupferton dem Spektrum des Goldtons unterordnen, auch die vielen anderen Zwischentöne könnt ihr leicht in die Zwölfer-Einteilung einordnen.

Wenn ihr plötzlich in die spirituellen Sphären eintreten würdet, würde euch die Fülle der Farbenpracht vollends überwältigen und unübersichtlich für euch werden. Die Farben fächern sich auf, werden subtiler, aber auch in einem für euch unvorstellbaren Maße stärker, prägnanter, leuchtender und gleichzeitig informationsreicher. Was euch hier »nur« wie eine Farbe erscheint, ist im Licht spiritueller Welten Ausdruck und Botschaft in einem.

Das Ziel eurer Seele ist es, sich in allen Farben ausdrücken zu können. Für euch bedeutet das aber, daß ihr oft viele Leben lang nur unter dem Einfluß eines Farbstrahls inkarniert, um diesen besser verstehen zu lernen und um auch alle möglichen Arten des Ausdrucks, also das ganze Farbspektrum dieses Strahls, zu studieren. Wenn ihr die Meisterschaft in einem Farbstrahl erlangt habt, geht ihr zum nächsten über. Euer Erkunden und Erproben der Farbstrahlen muß nicht unbedingt durch Inkarnationen auf der Erde erfolgen. Oft habt ihr schon ein beträchtliches Maß an Erfahrung innerhalb der Farbstrahlen gemacht, bevor ihr hier auf Erden inkarniert. Besonders jene Wesen unter euch, die als Helfer aus anderen Teilen der Galaxis oder auch außergalaktischer Herkunft sind, bringen ihre Meisterschaft innerhalb eines oder mehrerer Farbstrahlen mit. Sie können ihre Fähigkeiten hier nicht nur zum Einsatz bringen, sondern sie auch durch einen Dienst auf der Erde erweitern.

Wer sich zum Beispiel auf galaktischer Ebene im gelben Strahl besonders weit entwickelt hat, wird auf die Erde gesandt, um hier bei euch Weisheit in irgendeiner Form zu lehren oder zu verankern. Wenn dieses Wesen zum Beispiel im Monat Juni, dem Monat des rosafarbenen Strahls zur Welt kommt, wird es seine Weisheit mit Hilfe der Engel des sechsten Strahls der Liebe zum Ausdruck bringen (s. a. **Die Ordnung der Farben**, Seite 105), oder es kommt vielleicht im November in der Zeit des opalfarbenen Strahls auf die Welt und wird dann mit Hilfe der Engel dieses Strahls seine Weisheit dem Prozeß der Transformation widmen.

Kommt eine Seele auf diese Welt, die schon die Meisterschaft in allen zwölf Strahlen hat, dann ist es auf alle Fälle ein Wesen aus den höheren Dimensionen, und es erscheint hier auf Erden als großer spiritueller Lehrer. Während der letzten zweitausend Jahre gab es nur zwei solcher Meisterseelen hier auf Erden.

Menschen, die im rosa-goldenen, gelben, orange-roten und rubinrot-goldenen Strahl inkarnieren, können im besonderen Maße alte traumatische Verletzungen ausheilen. Die meisten Menschen können die Farbstrahlen nicht in dem Maße nützen, wie sie ihnen zur Verfügung stehen. Zum einen, weil sie nichts von ihnen wissen, und zum anderen, weil ihr Vierkörpersystem durch die Katastrophen, die auf diesem Planeten stattfanden, viele Verletzungen erhalten haben und sie deshalb die Kraft der Farbstrahlen nicht in vollem Maße ausschöpfen können. Wie ihr diese Verletzungen heilen könnt, wird im zweiten Teil dieses Buches ausführlich beschrieben.

Wir Engel der Farbstrahlen versuchen immer wieder, euch mit den Möglichkeiten eures Farbfeldes vertraut zu machen. In diesem Farbfeld ruhen auch eure Begabungen. Sehnsüchte und Wunschträume haben meist mit dem unerlösten Potential eures persönlichen Geburtsstrahls zu tun. Aber es muß oft zuerst viel Heilungsarbeit stattfinden, bevor ihr das Potential eures Farbstrahls voll ausschöpfen könnt.

In Beziehungen ist es oft so, daß man das Potential des Partners intuitiv erkennt und sich wundert, wenn dieser es nicht nutzt. Solange ein Wesen sich noch mit den Verletzungen seines Vierkörpersystems beschäftigt, ist es nicht in der Lage, die Möglichkeiten seines Strahlungskörpers auch nur zu erfassen.

Ist euer Vierkörpersystem völlig ausgeheilt, habt ihr einen Zugang zu allen Farbstrahlen und könnt sie gemäß euren Lebensaufgaben auch alle nutzen. Der Geburtsstrahl stellt zunächst eine Hilfe für euch dar, die Möglichkeit alte und behindernde Muster zu überwinden. Die höheren Aspekte, die in den Farbstrahlen enthalten sind, können in diesem Stadium noch nicht wahrgenommen werden. Aber der Weg ist immer offen, ihr könnt so tief, wie ihr wollt, in das Studium und die Möglichkeiten eures Farbstrahls eintauchen.

Das Wirken der Engel
innerhalb der göttlichen Farbstrahlen

Wir Engel wirken sowohl in allen zwölf Dimensionen* als auch in den zwölf Farbstrahlen. Wir Engel sind Träger von göttlichen Ideen und Weisungen, die wir gemäß den Aufgaben unseres jeweiligen Farbstrahls ausführen. Innerhalb dieses solaren Systems haben wir vor allem die Aufgabe, der Entwicklung der Seelen in eurem Sonnensystem zu dienen. Dieses solare System bereitet sich auf einen Entwicklungssprung vor.

Wir repräsentieren für euch in jedem Strahl bestimmte Aufgaben des göttlichen Wirkens. Es gibt dabei Aufgaben, die euch Menschen näher stehen, und andere, die euch eher unbekannt sind. Anschaulich ist für euch der Bereich des grünen Strahls, der die Welt der Natur und des Physischen regiert, oder der rosa Strahl der Liebe, der sich in eurem Gefühlsleben widerspiegelt.

Schwieriger zu verstehende Strahlungsbereiche sind für euch der goldene Strahl, der opalfarbene und auch der silber-weiße Strahl, weil sich die Tätigkeiten der Engel dieser Strahlen hinter eurer Lebensbühne abspielen. Nur in

---

* s. a. das neue physikalische Weltbild von Burkhard Heim, in dem dieser ebenfalls zwölf Dimensionen postuliert.

besonderen Situationen erhaltet ihr auf natürliche Weise einen Zugang zu diesen Strahlen.

Wenn ihr uns Engel und unser Schaffen wirklich kennenlernen wollt, so beginnt mit den Strahlen, die euch am leichtesten zugänglich sind, oder zu denen ihr eine spontane Nähe empfindet. Das muß nicht immer euer Geburtsstrahl sein.

Euer Schutzengel ist ein Engel des goldenen Strahls und mit dem identisch, was ihr als euer höheres Selbst bezeichnet. Mit diesem Engel seid ihr durch den goldenen Strahl verbunden, der an eurem Kronenchakra eintritt und euren Körper als Achse durchläuft. Andere Engel besuchen oder begleiten euch nach Bedarf, nach eurem Wunsch und eurer Aufgabe im Leben.

Auf besondere Weise seid ihr mit den Engeln eures Geburtsstrahls verbunden. Dieses spezielle Schwingungsfeld begleitet euch euer Leben lang, und die Engel dieses Farbfeldes versuchen immer wieder, euch die Möglichkeiten bewußt zu machen, die ihr durch dieses spezifische Farbspektrum habt.

Menschen mit Heilfähigkeiten haben oft einen Engel des grünen Strahls an ihrer Seite, ein spiritueller Lehrer einen Engel des silber-weißen Strahls, ein Mensch, der die Welt mit neuen Ideen beglückt, einen Engel des violetten Strahls.

Sensitive Menschen spüren genau, wann ihre Begleiter aus der Engelwelt zu ihnen kommen oder wieder gehen oder wenn ein neuer Begleiter kommt und ein alter sie verläßt.

Versucht, euch mit uns zu unterhalten. Antworten werdet ihr in Form eines plötzlichen Wissens oder durch Intuition erhalten oder auch in Form eines Hinweises oder einer Fügung aus eurer Umwelt. Wir haben viele, auch sehr individuelle Möglichkeiten, mit euch in Kontakt zu treten.

Die Engel des goldenen Lichts, der göttlichen Schöpferkraft und Harmonie

Wir sind in deiner Nähe, aber du hast gewisse Anpassungsschwierigkeiten an unsere Schwingung. Wir Engel des goldenen Strahls wirken auf euch Menschen sehr machtvoll. Deshalb hast du uns auf deinem Bild auf einem Thron abgebildet. Wir sind die Engel des Ausgleichs und gelten deshalb auch als die Vermittler des göttlichen Friedens. Wir tarieren die Kraftfelder, die euch umgeben, aus oder stellen sie neu ein. Obgleich es kosmische Konstanten gibt, ändern sich die verschiedenen Energiefelder laufend. Immer stehen wir ausgleichend zwischen ihnen.

Auf euch Menschen und die dreidimensionale Welt übertragen, bedeutet dies, daß ihr uns immer rufen könnt, wenn ihr mit einem anderen Wesen ins Ungleichgewicht geraten seid. Jedem Streit, jeder Disharmonie liegt ein Ungleichgewicht zugrunde. Sehr oft erkennt ihr Menschen nicht, worin dieses Ungleichgewicht besteht. Ihr habt zu viel in die eigene Waagschale geworfen und zu wenig auf die des anderen geachtet.

Trachtet bei jedem Streit zuerst danach, die Situation aus den Augen des anderen zu sehen. In welchem Zustand ist er gerade, was bewegt ihn wirklich, wo sind seine Ziele. Dies ist eine überaus hilfreiche Übung des Einfühlens in ein anderes Wesen. Mit der Zeit wächst euer Verständnis und eure Weisheit, und ihr könnt Streit von vornherein vermeiden, weil ihr tiefer in die Menschen hineinseht und nichts fordert oder erwartet, was im Widerspruch zu ihrem tieferen Wollen steht. Ihr könnt die Übung des Einfühlens auf alles ausdehnen, zum Beispiel auf eine Gruppe von Menschen, auf Tiere, ja, auf die gesamte Natur. Wir helfen euch, die Dinge von allen möglichen Seiten zu betrachten und sie euch mehrdimensional vor Augen zu führen.

Im allgemeinen werden wir nicht häufig von euch Menschen gerufen oder auch nur erkannt. Wir arbeiten auf den höheren Schöpfungsebenen. Du findest uns auf den Ebenen der Naturkonstanten und überall dort am Werk, wo du im physischen, chemischen, mikrobiologischen und mathematischen Bereich Muster von Gleichmaß und Schönheit erkennst.

Wir gelten auch als die Engel der Fülle. Vielleicht nennt man uns so, weil der Reichtum der Schöpfung auf unseren Schultern ruht. Ihr seid eingebettet in dieses Schöpfungsgewebe, sozusagen als seine Krönung. Insoweit seid ihr wirklich reich beschenkt. Seid euch bitte klar darüber, wie unendlich vieler, intelligenter Wesen es bedarf, um diesen Schöpfungsteppich zu weben, über den ihr schreiten dürft. Ihr seid wirklich Könige in einer prachtvollen Welt.

DER ERSTE STRAHL:

Die Engel des goldenen Lichts, der göttlichen Schöpferkraft und Harmonie

Seht, wie sorgfältig alles abgestimmt ist, vom Aufbau des Atoms bis zu den Planetensystemen. Allem liegt ein mathematisch-geometrisches Muster zugrunde, an dem wir arbeiten. Es muß immer wieder neu harmonisiert werden, da sich die kosmischen Energien verändern.

Wir arbeiten hinter eurer Lebensbühne, schaffen, berechnen und stecken euren Erfahrungsraum ab.

Wir arbeiten eng mit den Engeln des gelben Weisheitsstrahls und den Engeln des weiß-silbernen Strahls zusammen. Während wir die Grundlagen bilden, sind die Engel des gelben Strahls damit beschäftigt, euch die Auswirkungen unseres Schaffens in Form von Wissenschaften zu vermitteln, und die Engel des weiß- silbernen Strahls helfen uns, dieses übergeordnete Wissen in eurer dreidimensionalen Welt zu verankern.

»Gleichgewicht und Harmonie« ist eines der großen kosmischen Gesetze. Vielleicht das erste und wichtigste. Das Ego des Menschen ist weit davon entfernt, dieses Gesetz zu verstehen. Daher gibt es immer wieder bittere Rückschläge für euch.

Da wir die Grundlage eures Seins bilden, durchläuft der goldene Strahl, durch euer Kronenchakra eintretend, den ganzen Körper als Mittelachse. Dieser Strahl ist eure spirituelle Wirbelsäule. Der goldene Strahl ist die unabdingbare Grundlage für euer Sein. Der Durchmesser dieses Strahls kann sich in einem Menschenleben erweitern oder verengen, je nachdem, wie ihr eure spirituelle Aufgabe lebt bzw. euch geistig entwickelt.

Bei vielen Menschen ist der goldene Strahl zwischen Kopf und Brustraum (Herzzentrum) teilweise unterbrochen und verläuft ähnlich wie ein gestauter oder geteilter Fluß.

Übung:
Ihr solltet es euch zur Aufgabe machen, jeden Morgen den goldenen Strahl bewußt von eurem Kronenchakra zu eurem Herzzentrum und weiter bis zu eurem Basischakra als durchgehende, gerade Säule zu visualisieren.

Laßt diese goldene Säule dann einatmend vom Basischakra zum Kronenchakra aufsteigen und ausatmend wieder sinken.

Achtet dabei vor allem auf eine durchgehende Verbindung zwischen Herz und Kopfbereich.

Es ist kein ganz leichter Versuch, Herz und Kopf in der goldenen Säule zu vereinen, und wahrscheinlich werdet ihr eine gewisse Zeit des Übens dazu brauchen. Versucht auch nach einer Weile die Säule auszudehnen, so daß sie euren ganzen Körper einhüllt bis zu euren Füßen.

Stellt euch eine goldene Sonne über eurem Kopf vor und eine unterhalb eurer Füße und seht, wie die Lichtstrahlen dieser Sonnen eine Säule oder auch einen Fluß goldener Lichtfunken bilden, die euren Körper durchströmen.

Diese Übung ist grundlegend für die weiteren Übungen in Teil II. Sie ist jeder Mühe wert, und ihr solltet ihr sehr große Aufmerksamkeit widmen.

Frage: Im Augenblick erleben wir den Zusammenbruch der Aktienmärkte und das fast Zusammenbrechen der Banken. Wie ist das alles aus geistiger Sicht zu verstehen?

Antwort: Im Grunde fragst du, wie Gier und Verantwortungslosigkeit möglich sind. In dem euch bemessenem Rahmen sind freie Entscheidungen die Grundlage eures Fortschritts und eurer Erkenntnis. Was dich beschäftigt, ist aber das Ausmaß der Fehlleistungen.

In vielen Büchern ist über dieses Thema schon viel Richtiges geschrieben worden und für euch zugänglich, aber ich werde es dir aus unserer Sicht erklären:

Du weißt, daß die Sonne, wie jedes Wesen, einem bestimmten Rhythmus unterliegt. Sie hat Pole wie die Erde und empfängt an ihnen kosmische Energie, die sie umgewandelt an ihre Planeten weitergibt. Große geistige Wesen, die du als unkörperlich empfinden würdest, leiten die Aktivitäten in diesem Kraftzentrum.

Du könntest sie dir wie ein Gremium von Wissenschaftlern vorstellen, nur mit dem Unterschied, daß in ihnen nicht der geringste Eigennutz ist. Sie handeln zum Wohl des ganzen Planetensystems und im Zusammenklang mit anderen Planetensystemen. Sie sind wahrhaft göttliche Intelligenz, Weisheit und Liebe.

Auf den Planeten entwickeln sich Wesen auf verschiedenen Frequenzstufen bzw. Dimensionen. Die Erde war die »Kinderstube« dieser Wesen. Eines Tages kamen aus der Weite des Raums Wesen, die aus eigenem Versagen ihren Planeten verloren hatten. In Absprache mit der höchsten kosmischen Intelligenz bekamen diese »Flüchtlinge« die Erlaubnis, auf der Erde notzulanden und in einem begrenzten Bereich ihre Kultur aufzubauen. Die Wesen, die sich bereits auf der Erde befanden und sich langsam entwickelten, sollten mit den Neuankömmlingen nicht in Berührung kommen, was auch möglich gewesen wäre, da sie sich auf einer etwas anderen Schwingungsebene befanden.

Leider glückte dies nicht. Mit der unseligen Charaktereigenschaft der Manipulation und dem Bedürfnis nach Macht ausgestattet, experimentierte diese außerirdische humanoide Zivilisation mit der gerade sich entwickelnden Erdbevölkerung. Einerseits, um sie gewisse Arbeiten verrichten zu lassen, andererseits mißbrauchte man sie für genetische Experimente.

Die Gestalten dieser unglücklichen Wesen geistern noch durch eure Mythologien, Sagen und Märchen. Letztendlich vermischten sich die »Göttersöhne« und die Menschen auf der Erde (s. 1. Moses 6/1-4). Heute kannst du sehr gut an der Gesellschaft ablesen, wo das genetische Erbe der »Göttersöhne« ist. Überall dort, wo du stark manipulative, intelligente und machtversessene Wesen an der Spitze gesellschaftlicher Hierarchien siehst, findest du Nachkömmlinge dieser alten, außerirdischen Rasse.

Die Situation ist aber nicht so aussichtslos, wie sie zu sein scheint. Das Sonnensystem bewegt sich in ein Feld hoher kosmischer Liebesschwingung, und überaus viele Meisterintelligenzen anderer Planetensysteme inkarnieren bereits seit Jahrtausenden hier und seit etwa hundert Jahren in immer stärkerem Maße. Sie bringen ihre Liebe, ihre Weisheit, ihr Wissen und ihre künstlerische Genialität mit und gleichen die negativen Folgen machtgierigen Verhaltens wieder aus. Du wirst noch Zeuge großer wissenschaftlicher Erfindungen und Zeuge großer Liebestaten werden, und mit Hilfe Gottes, der großen kosmischen Intelligenz, wird die Erde bald in einer höheren viert- bzw. fünfdimensionalen Schwingungsfrequenz sein.

Das Zusammenbrechen von Geldmärkten ist nur ein äußeres Zeichen für den inneren Wandlungsprozeß, den eure Erde durchmacht. Also fasse Mut! Wer Geld und Werte hortet, leidet genauso wie der Arme unter einem Gefühl der persönlichen Machtlosigkeit, nur daß der sogenannte Reiche glaubt, diese Machtlosigkeit durch Horten von Finanzprodukten überwinden zu können. Dieses gehortete Geld ist völlig wertlos, wie ihr es in dieser Finanzkrise erlebt.

Geld hat nur dann einen Wert, wenn es als Tauschmittel für eine Leistung gegeben wird oder um unmittelbare Not zu lindern. Jede Art der Hortung fiktionaler Finanzwerte ist aus geistiger Sicht einfach nicht existent. Es gibt also nicht eine Krise der Aktienmärkte oder der Finanzmärkte, sondern nur die Aufdeckung von deren Nichtigkeit. Alles, was nichtig ist, also ohne Liebe, wird in der nächsten Zeit aufgedeckt, aber auch alles was wirklich von Wert ist, wird für euch Menschen wieder sichtbar werden.

Um den goldenen Strahl erfassen zu lernen, solltet ihr innerlich in die Schule des goldenen Tempels gehen:

Geht tief in eine Meditation hinein, und wenn ihr zur Ruhe gelangt seid, erschafft euch in eurer Vorstellung einen goldenen Tempel. Dieser Tempel sollte im Inneren einem Thronsaal gleichen, mit verzierten Wänden aus Gold und kostbaren Einlegearbeiten, mit glänzenden Säulen und funkelnden Böden (s. a. Bild Nr. 1). Daß ihr euch diesen Thronsaal sehr genau und so kostbar wie möglich ausmalt, ist wichtig für diese Übung.

Am Ende dieses riesigen Saales steht ein mit Juwelen geschmückter Thronsessel. Setzt euch selbst auf diesen Thron und seht, wie euch das goldene Licht umfließt. In eurer Rechten haltet ihr das Szepter der Macht. Ihr seid der Mittelpunkt eures goldenen Lichtreiches und habt die Macht, alles Aufbauende zu erschaffen. Mit Leichtigkeit könnt ihr erschaffen, aber auch wieder loslassen, was ihr nicht mehr benötigt, indem ihr seht, wie es sich vor euren Augen wieder in Licht auflöst.

Erfreut euch in tiefer Dankbarkeit dieser Schöpferkraft. Sprecht dann: »ICH BIN im goldenen Licht und stehe in der reichen Fülle Gottes, die immerdar zu meiner Verfügung bereitsteht«.

Bei der Benutzung des goldenen Strahls geht es nicht um das Erzeugen von Scheinwelten und Werten. Es geht nicht um die Anhäufung von irdischem Reichtum, sondern um das Bewußtsein, daß euer Geburtsrecht als Kinder Gottes absolute Fülle ist. In dem Maße, wie ihr sie benötigt, könnt ihr sie in euer Leben rufen. Ihr braucht also nichts zu horten, ihr braucht keine Bankkonten

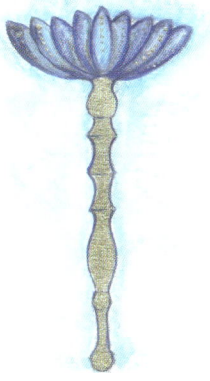

Lotus-Blüte
Symbol für den goldenen Strahl

oder überladene Wohnungen, sondern ihr könnt immer darauf vertrauen (was im Grunde weitaus praktischer ist), im gegebenen Augenblick immer das Richtige zu erhalten.

Wenn ihr euch intensiver mit dem goldenen Strahl befaßt, vielleicht täglich versucht, das goldene Licht zu imaginieren und es um und durch euren Körper fließen zu lassen, erlangt ihr mit der Zeit ein Gefühl vollkommener Geborgenheit. Ihr werdet selbstsicher in Bezug auf eure materielle und finanzielle Versorgung in den jeweils sich verändernden Lebenssituationen. Jeder ist mit seinem goldenen Strahl ein verantwortlicher Mitschöpfer in seiner Welt.

In alten Hochkulturen wurde das Gold sehr verehrt, als Währung, im Bereich des Kultes und als Schmuck von Körper und Gebäuden. Die Menge an Gold in diesen Kulturen spiegelte auch die Höhe ihres Bewußtseins wider. Das materielle Gold sollte euch aber eigentlich immer an eure eigene Schöpferkraft erinnern. Nicht vom äußeren Gold seid ihr abhängig, sondern vom goldenen Strahl, der euch durchströmt und der im materiellen Gold nur eine Widerspiegelung findet. Trotzdem kann es eine Hilfe für euch sein, euch Gold oder vergoldete Gegenstände zuzulegen, sie zu betrachten und ein Gefühl für die warmen Strahlen des Goldtons zu entwickeln. Im Goldton schwingt immer Wärme, Geborgenheit und Sättigung auf vielen Ebenen.

Du erreichst uns über das Symbol des goldenen Szepters mit der geöffneten blauen Lotosblüte an der Spitze.

Der goldene Geburtsstrahl im Januar

Menschen, die unter unserem Strahl im Januar das Licht der Welt erblicken, sind Seelen, die im besonderen Maße das Ausgleichen verschiedener, oft polarer Kraftfelder einüben wollen. Sie haben vielfach das Empfinden, unter großen Spannungen zu stehen; da aber ihr Ideal ein Gleichgewichtszustand ist, werden diese Spannungsgefühle selten kommuniziert oder gar ausagiert. Für keinen anderen Farbstrahl ist das Ideal der Mitte und der Ausgewogenheit so wichtig.

Da diese Menschen ständig das innere Gleichgewicht halten müssen, wirken sie nach außen oft verhalten bis unterkühlt. Durch ihre überlegte und ausgewogene Art haben sie es beruflich nicht schwer, in übergeordnete Stellungen zu gelangen. Gerade die Seelen des goldenen Geburtsstrahls haben häufig das Empfinden, die Last der Welt allein auf ihren Schultern tragen zu müssen, was manchmal zu Verbitterung und Abkapselung führen kann. Unter dem goldenen

Farbstrahl sammeln sich Seelen, die bereit sind, für Gruppen Verantwortung zu übernehmen. Diese Verantwortung kann von der Familienmutter mit fünf Kindern, dem Kleinunternehmer aber auch von dem Vorsitzenden eines Konzerns übernommen werden. Immer geht es auf der Seelenebene darum, kontroverse Kraftfelder – auf physischer Ebene die sogenannten Interessenlagen – auszugleichen und die Projekte auf optimalem Weg zu halten.

Eigentlich inkarnieren Seelen innerhalb eines bestimmten Farbstrahls, um in diesem Farbstrahl Erfahrungen zu sammeln, aber auch um von uns Engeln begleitet, inspiriert und geschützt zu werden. Vieles, was ihr als Last und große Schwierigkeit empfindet, könnte bei größerer Offenheit uns Engeln gegenüber für euch um vieles leichter werden. Aber wir brauchen euren Ruf und auch eure Fragen, um euch antworten und helfen zu können. Natürlich sollt ihr nicht ständig nach uns Engeln rufen, so vieles steht in eurem eigenen Ermessen, aber in schwierigen Lagen solltet ihr ruhig werden und uns lieber rufen, anstatt zu verzweifeln. Dies gilt in besonderer Weise für den goldenen Geburtsstrahl, weil er zu dem Glauben neigt, alles alleine machen zu müssen.

Überlegen, ausgleichen und anordnen sollten mit leichter Hand geschehen, denn nichts im Reich Gottes ist schwer, auch nicht das Lernen der Seele innerhalb des goldenen Strahls.

Wenn ihr mit einem Menschen des goldenen Strahls zu tun habt, so muß euch klar sein, daß er durch seine Aufgabe, das Gleichgewicht zu halten, sehr negativ bis verzweifelt auf Menschen reagieren kann, die dieses Gleichgewicht zu stören versuchen. Der Mensch im goldenen Strahl ist hier irritierbarer und auch weniger belastbar als Menschen in anderen Farbstrahlen.

Auch sein Verlangen nach Ordnung und Klarheit ist dieser Konstellation geschuldet. Trotzdem brauchen gerade die Januar-Menschen immer wieder Zerstreuungen leichterer Art, deshalb sollten Partner darauf achten, daß immer wieder leichte und spielerische Momente gegeben sind.

Die Engel des violetten Lichts der Vision und der Erneuerung

Wir Engel des violetten Strahls sind die Verkünder eines neuen Zeitalters und werden deswegen auch als eine reinigende und erneuernde Kraft wahrgenommen. Auf dem Bild siehst du den Meister St. Germain mit Engeln des violetten Strahls vor den violetten Flammen der Reinigung und Erneuerung. In der Mitte der Flamme siehst du das Symbol, mit dem du uns erreichen kannst. Es ist ein violettes Malteserkreuz, außen gold umrandet, mit einem goldenen Achtstern in der Mitte. Dieses Kreuz ist auch das Symbol von St. Germain.

St. Germain-Kreuz
Symbol für den violetten Strahl

Gemeinsam arbeiten wir für das neue Zeitalter, an dessen Beginn ihr heute steht. Weise ist es, das violette Feuer für sich und diese Welt herabzurufen, denn alles erfährt im violetten Feuer eine Läuterung.

Die Erde geht im Moment durch ein heilsames Fieber. Wie bei Fieberträumen setzen jetzt auch den Menschen bedrohliche Fantasien von Untergang und Zerstörung zu. Was aber durch das Fieber allein zerstört wird, sind die Krankheitskeime. Das violette Feuer zerstört die falschen Vorstellungen. Stell dir ein wunderbares, von innen her leuchtendes, sich langsam ausbreitendes, violettes Licht vor, das dich und die Welt in seinen mystischen Schimmer hüllt. Stell dir keine lodernden Flammen vor, sondern ein stetiges, intensives Glühen.

Wir Engel des violetten Strahls treten immer wieder zyklisch in Erscheinung, um den Unrat menschlichen Denkens zu beseitigen. Damit haben wir eine

DER ZWEITE STRAHL:
Die Engel des violetten Lichts der Vision und der Erneuerung

Wächterfunktion für diese Erde. Durch den violetten Strahl wird aller irdische Ballast abgelegt.

Sterbende gehen durch diese violette Ebene in die ihnen zugehörigen Schwingungsbereiche. Es ist auch ein Bereich der Reinigung und des Vergessens von irdischem Leid.

Wir Engel des violetten Strahls reinigen die Menschen nach dem Verlassen der physischen Ebene. Diese Reinigung kann aber auch jederzeit im physischen Leib vollzogen werden, wenn ihr uns ruft. Wir reinigen vor allem eure mentale Ebene, was aber auch tiefgreifenden Einfluß auf euren Körper haben kann.

Tiefsitzende Denkstrukturen und Erwartungshaltungen spiegeln sich im energetischen Kreislauf eures Körpers wider und können, wenn negativ besetzt, zu gesundheitlichen Störungen führen. Jeden Abend vor dem Einschlafen solltet ihr uns Engel des violetten Strahls bitten, nachts eine Reinigung eures Mentalkörpers vorzunehmen. Sehr selten gibt es einen Menschen, der diese Reinigung nicht nötig hätte.

Versuche einmal, dich eine Weile auf die Farbe Violett zu konzentrieren, und du wirst diese lösende Wirkung spüren. Gedankenmuster mit negativer Schwingung können sich nicht gegen das tiefe, göttliche Violett behaupten, sie schmelzen dahin. Wer die wohltätige Wirkung des violetten Farbstrahls erfaßt hat, wird ihn nicht mehr loslassen.

Kein Mensch, der höherschwingende Bereiche betreten will, kommt am violetten Strahl vorbei. Wir wirken als Hüter der Schwelle. An dieser Stelle stehen nicht die Engel mit dem Flammenschwert, sondern wir Engel des violetten Strahls. Du mußt zu dieser Löschung deiner Denkmuster bereit sein, und davor haben viele Menschen Angst. Dabei ist, im violetten Licht zu baden, schmerzfrei und tief erlösend.

Um in ein neues goldenes Zeitalter zu treten, muß jetzt die ganze Menschheit durch dieses reinigende violette Licht.

Schüler des Meisters St. Germain fühlen sich in besonderem Maße dieser Auflösungsarbeit verpflichtet. Sie inkarnieren an Orten großer Verdichtung und in die Dunkelheit negativer Gedankenfelder, um dort mit Hilfe des violetten Strahls eine Erlösungs- und Auflösungsarbeit zu verrichten. Immer stehen ihnen Engel und Helfer des violetten Strahls unsichtbar zur Seite.

Auch viele Seelen des Melchisedek-Ordens dienen im violetten Strahl, um Orte, an denen sich viel Negativität angesammelt hat, zu reinigen.

Alle Schüler von St. Germain werden darin unterwiesen, das violette Licht zu bündeln und wie einen Laserstrahl in Situationen und bei bestimmten Menschen einzusetzen. Völlig festgefahrene Situationen können durch ausdauernde und konzentrierte Anwendung des violetten Lichts umgewandelt werden. Sprecht dabei folgende Affirmation:

ICH BIN jetzt die unüberwindliche violette Flamme, die diese Situation (bzw. diesen Menschen) vollkommen läutert und die göttliche Wahrheit zutage treten läßt.

Viele persönliche Schüler von St. Germain haben bereits die Meisterschaft im Erfassen des göttlichen **ICH BIN** erreicht und arbeiten als aufgestiegene Wesen für die Menschheit. Sie leisten jedem willigen Schüler Hilfe. Ihr Beistand besteht immer in der Hilfe zur Selbsthilfe. Die oft beschwerliche Meisterung der eigenen Lebensumstände müssen vom Schüler selbst vollzogen werden. Altes Karma muß aufgezehrt werden, um so schneller, je mehr ein Schüler ins Licht strebt.

Es ist wie beim Saubermachen einer Wohnung. Jede Ecke muß ausgekehrt werden. Der Charakter eines Schülers, der den aufgestiegenen Meistern nachfolgen will, muß vollständig geläutert sein, denn die bewußte Lenkung von Energie erfordert höchste Ausgewogenheit, Umsicht, Weitsicht und Selbstlosigkeit. Niemand kommt auf die Idee, ein zehnjähriges Kind Auto fahren zu lassen, weil der Verstand noch nicht die Umsicht hat, die Energie eines Autos für sich und andere unbeschadet zu lenken. Um mit der Energie, die ein aufgestiegener Meister zum Wohl der Menschen einsetzt, umgehen zu können, werden Schüler oft über viele Leben hinweg unterwiesen. Es ist ein langer Prozeß der Schulung, der durchlaufen werden muß.

Schule dich darin, in jeder noch so kleinen Aufgabe Meisterschaft zu erreichen. Versuche, jede Verpflichtung, die dir das Leben auferlegt, in höchster Vollendung zu meistern. Was auch immer ansteht, drücke dich vor keiner Aufgabe, sondern versuche sie bestmöglich zu lösen. Auch wenn es nur das Decken eines Tisches ist. Das ist der Weg des bejahenden positiven Aufbaus. Dein äußeres Leben in dieser Welt muß zu einem leuchtenden Abbild deines inneren Lichtes werden. Die Fallstricke der äußeren Welt bestehen darin, daß sie den Schüler veranlassen, zu handeln, ohne sein inneres Licht, seine **ICH BIN Gottgegenwart** mit einzubeziehen. Ihr müßt immer und in allem das große Licht des **ICH BIN** als alleinig Handelnden sehen und nie das äußere Selbst.

Wenn ihr diese Klippe gemeistert habt, kann euch nichts mehr aufhalten.

Seht dieses große Licht, von dem euer Körper nur der geringste Teil ist, immer als das handelnde Licht in jeder Situation und nicht eure physische Person, dann kann nichts eurem aufbauenden Plan entgegenstehen. Vor dem Licht des **ICH BIN** schmilzt jeder Widerstand dahin. Seid euch sicher, daß jedes aufbauende Wollen von diesem Licht gefördert und von dieser absoluten Intelligenz auf vollendete Weise umgesetzt wird.

Wenn es euch gelingt, mit diesem Licht eins zu werden, wird völliger Friede in euer Leben Einzug halten.

Frage: Wie soll ich mir dieses Licht vorstellen? Wie die Sonne?

Antwort: Dieses Licht ist personifizierte Liebe. Es ist die Heimat deiner Seele, es ist dein Sein, und du bist niemals getrennt davon. Stell dir einfach LIEBE gehüllt in LICHT vor.

Wir sind nicht nur die Engel des reinigenden, violetten Lichts, sondern auch die Engel der göttlichen Vision und der Prophetie. In der Antike sprach man von Merkur als dem Götterboten, der die Weisungen des Zeus überbrachte. Jedes Zeitalter machte sich ein anderes Bild von uns und gab uns andere Namen. Da wir das neue Zeitalter verkünden und einleiten, müssen die unpassenden alten Strukturen erneuert und ersetzt werden, deshalb sind auch die Menschen, die unter unserem Strahl im Februar geboren werden, große Ideenbringer.

Der violette Geburtsstrahl im Februar

Die ausschließliche Aufgabe der Menschen, die unter unserem violetten Strahl geboren sind, ist die Ideen der Erneuerung in alle Lebensbereiche zu tragen. Unter unserem Farbstrahl werden selten Menschen geboren, die eine starke karmische Belastung mit dem Beistand der Engel auflösen wollen, sondern sehr oft begleiten wir Wesen, die aus anderen galaktischen Regionen kommend auf eurer Erde ihre innovativen Fähigkeiten einsetzen wollen.

Ihr Problem ist, daß sie häufig an den Grenzen irdischer Schwerfälligkeit, an Unverständnis oder an konventionellen Bedenkenträgern scheitern. In immer neuen Anläufen versuchen sie, ihre Ideenfülle vor der meist ungläubig staunenden Umgebung auszubreiten. Nicht wenige unter ihnen erleiden Schiffbruch, und das nicht nur einmal im Leben. Oft haben sie das Problem der richtigen Berufswahl. In kreativen Berufen können sie sich entfalten, aber viele von ihnen haben sich auch andere gesellschaftliche Felder gewählt, in denen ihr ideenreiches Innovationsbedürfnis oft zu sehr ausgebremst wird. Ihre bewegliche, vom Luftelement (s. a. Bild **Luft-Engel**, S. 129) geprägte Art macht sie in der persönlichen Beziehung äußerst interessant, aber auch unzuverlässig.

Wenn sich Menschen, die im violetten Strahl geboren sind, an uns wenden würden, könnten wir ihnen vieles erleichtern, zum Beispiel dabei, den richtigen Beruf zu finden, der ihre Fähigkeiten zur Entfaltung bringt.

Menschen des violetten Farbstrahls brauchen Ortsveränderung und Kommunikation, und sie brauchen die richtigen Adressaten für ihre Ideen. Wie ein Sämann gehen sie über diese Welt und verteilen freigiebig ihre Ideen unter den Menschen. Die Umsetzung dieser Ideen sollten sie aber den Menschen anderer Farbstrahlen überlassen. Die praktische und organisatorische Seite der Verwirklichung von Ideen liegt ihnen nicht. Das ist der Bereich in dem sie immer wieder Schwierigkeiten haben oder Schiffbruch erleiden.

Sich richtig zu erden, gelingt ihnen fast nie, da sie noch kein Gefühl für das irdische Maß entwickelt haben. Ähnlich wie die Menschen unter dem rubinrot-goldenen Strahl, stehen sie materiellen Dingen entweder eher gleichgültig gegenüber oder sie raffen in übertriebenem Maße materielle Güter.

Obwohl Partnerschaften mit ihnen sehr oft schwierig sein können, brauchen sie unbedingt Wesen an ihrer Seite, die sie zügeln oder vor schlimmen Ausrutschern bewahren. Leider fehlt ihnen oft der dankbare Blick auf einen derartigen Partner, da sie glauben, zu Unrecht gebremst zu werden.

Es soll hier aber kein negatives Bild über die Menschen des violetten Farbstrahls gezeichnet werden. Sie sind die ideenreichsten und innovativsten Seelen des ganzen Farbspektrums und für die Entwicklung eurer Gesellschaft von größter Notwendigkeit. Da sie unterbewußt sehr unter den irdischen Begrenzungen einer dreidimensionalen Welt leiden, können manchmal auch Drogen und Süchte für sie ein Problem darstellen.

Die Engel des aquamarinfarbenen Lichts
der göttlichen Klarheit

Auf diesem Bild siehst du einen von uns Engeln des aquamarinfarbenen Strahls inmitten konzentrischer Formen. Der Engel steht in relativer Dunkelheit. Es ist die Aufgabe der Engel des aquamarinfarbenen Strahls, göttliche Klarheit in die Dunkelheit zu tragen. Dunkelheit herrscht immer dort, wo sich Menschen in scheinbarer Ausweglosigkeit befinden. Von Sorgen überschattet sehen sie den Weg und eine mögliche Lösung nicht. Die Probleme im Umgang miteinander und mit der Natur ballen sich wie dunkle Wolken zusammen über und um den Menschen. Die Hoffnungslosigkeit verdunkelt das Lichtfeld von einzelnen und ganzen Völkern.

Wir sind Spezialisten darin, in diese Düsternis klare, göttliche Inspiration zu setzen. Werden wir um Hilfe gerufen, verweilen wir mit unseren rettenden Ideen solange bei einem Menschen, bis sich dieser Gedanke, diese Idee, die wir bringen, durchgesetzt hat und im Denken eines Menschen angekommen ist. Die göttliche Idee, die wir vermitteln, hat die Form eines Mandalas. Dieses Mandala verschmilzt mit der Aura dieses Menschen und bekommt dadurch einen individuellen Stempel. Auf diese Weise bleibt immer die individuelle Freiheit eines Menschen gewahrt. Durch dieses Mandala entsteht eine neue Ordnung im Menschen, aber auf eine für den jeweiligen Menschen abgestimmte Weise.

In der rechten Hälfte des Bildes erkennst du, wie durch die Rotunde eines Kirchenfensters, in der Ferne die goldene Stadt. Was du über diese Stadt gelesen hast, ist richtig, sie existiert wirklich. Sie ist in der fünften Dimension gelegen, über einem menschenleeren Raum des asiatischen Kontinents. Sie wurde vor langer Zeit von aufgestiegenen Meistern in weiser Voraussicht errichtet. Die Stadt wird von einem Meister des Lichts geleitet, und von dort aus wird jede mögliche Hilfe für die sich entwickelnde Menschheit koordiniert.

Wir arbeiten mit den aufgestiegenen Meistern dieser Stadt zusammen. Ideen und aufbauende Pläne werden von hier in Form von Inspiration einzelnen Menschen oder auch ganzen Gruppen zugetragen. Für diesen Übertragungsdienst sind wir zuständig.

Frage: Wie soll ich mir diese goldene Stadt vorstellen?

DER DRITTE STRAHL:
Die Engel des aquamarinfarbenen Lichts der göttlichen Klarheit

Antwort: Stell sie dir am besten wie eine Stadt der Zukunft vor. Sie hat Technologien zur Verfügung, die weit über eurem heutigen physikalischen Wissen liegen und die dir gar nicht mehr »technisch« erscheinen würden.

Alles ist ausgewogen in dieser Stadt, edel, einfach und auch individuell, weil dort ausgeprägte Individuen wohnen, die trotzdem in völliger Harmonie zusammenleben. Sie haben die göttlichen Gesetze erkannt und leben nach ihnen. Sie fügen sich vollkommen in den Strom der Liebe ein. Sie sind einerseits offen für die Nöte der Erde und sehen andererseits die Erfordernisse des geistigen Wachstums. Sie erweisen der Erde einen großen Dienst, indem sie die Gedanken göttlicher Wahrheit ständig aufrecht erhalten und anderseits weise Ratschläge dorthin senden, wo man nach ihnen ruft.

Ihr könnt selbst in Kontakt mit dieser goldenen Stadt treten. Sie wird deshalb golden genannt, weil über allem ein Schimmer solcher Klarheit liegt, der im Licht unseres Heimatgestirns golden erglänzt.

Viele Menschen mit reinen, aufbauenden Absichten verweilen nachts in ihren feinstofflichen Körpern in dieser Stadt. Sie sehen dort größere Zusammenhänge, und ihr Denken verfeinert sich. Jeder ist dort willkommen, wenn er mit reinen und klaren Absichten diese Stadt betreten will.

Frage: Es beschäftigt mich schon seit einiger Zeit, welchen Unterschied es zwischen Engeln und aufgestiegenen Meistern gibt?

Antwort: Die meisten aufgestiegenen Meister kamen irgendwann von einer fortgeschrittenen Zivilisation dieses Universums auf die Erde, um hier ihre Fähigkeiten und ihre Hilfe bei der Entwicklung der Erde mit einzubringen.

Frage: Als eine Art von intergalaktischer Entwicklungshilfe?

Antwort: Ja, so kannst du es sehen. Für diese Seelen ist der Abstieg auf das Schwingungsniveau der Erde oft schwieriger als der sogenannte Aufstieg.

Sie inkarnierten in verschiedenen Kulturen oft in eine exponierte Stellung, um von dort aus eine maximale Wirkung zu entfalten. Das führte dann zu den Hochblüten ganzer Kulturen. Herausragende Herrschergestalten prägten die Gesetzgebung, die Wissenschaften und die gesamte kulturelle Leistung des jeweiligen Volkes. Sie kamen oft in einer Gruppe und wirkten zusammen.

Irgendwann ziehen sie sich wieder zurück, um zu sehen, ob sich der Same, den sie gesät haben, auch ohne ihre direkte Hilfe weiterentwickelt. Ihr untadeliger Lebenswandel macht ihnen den Aufstieg in eine höhere Dimension einfach.

Viele von ihnen verbleiben in der fünften Dimension und überwachen von hier aus die weitere Entfaltung der Erdenkinder.

Wenn man von goldenen Zeitaltern spricht, so waren die führenden Persönlichkeiten immer meisterliche Individuen. Sie blieben immer in Verbindung mit ihrem Gottselbst und lösten alle anfallenden Probleme im Lichte dieser Weisheit. Niemals horteten sie Reichtümer für ihre eigenen Zwecke. Ihr ganzes Trachten richtete sich auf die Entwicklung des Ganzen.

Viele Meister haben sich auch für lange Inkarnationskreisläufe auf der Erde entschieden. Auch wenn sie damit zwangsläufig Karma anhäufen mußten, so können sie doch darauf bauen, daß ihr Seelenbewußtsein sie nach einer bemessenen Zeitdauer wie eine Art Schwimmkorken wieder nach oben trägt.

Was wir Engel sind, kannst du letztlich nicht verstehen, denn wir entstammen einer anderen Schöpfungskategorie.

Alle Wesen auf diesem und auf vielen anderen Planeten des Universums, die eine menschliche Gestalt haben, sind eine »relativ junge« Schöpfung. Die Idee des Menschen ist groß. Er trägt eine Schöpfungsmacht in sich, die er selbst noch nicht versteht.

Oft wurde schon von der Eifersucht von uns Engeln auf die Menschen gesprochen. Das ist ein Irrtum. Wir sind so eng mit der Liebesmacht dieses Universums verknüpft, daß uns solche Gefühle völlig fremd sind. Indem wir helfend eingreifen, wirken wir direkt am Schöpfungsakt mit.

Es gibt zwischen aufgestiegenen Meistern und Engeln keinerlei Dissens. Beide dienen der Menschheit Hand in Hand.

Frage: Gibt es auch andere Orte, an denen sich Meister versammeln?

Antwort: An mehreren Punkten dieser Erde gibt es Orte, an denen die Meister sich immer wieder versammeln.

Menschen, die in besonderer Weise Einfluß nehmen können, werden entweder direkt oder nachts in ihren feinstofflichen Körpern zu diesen Orten geführt und erhalten für bestimmte Aufgaben eine Unterweisung.

Solche Orte sind notwendig, weil sie für das jeweilige Land oder die Gegend eine große und erhebende Strahlkraft besitzen. Sie sind derart geschützt, daß sie von Menschen mit normalem Alltagsbewußtsein nicht gefunden werden können.

Frage: Gibt es hier in der weiteren Umgebung auch einen solchen Ort?

Kristall-Stern
Symbol für den aquamarinfarbenen Strahl

Antwort: Ja, das Salzkammergut und noch ein Teil der Steiermark werden überstrahlt von diesem geistigen Zentrum. Der genaue Ort ist geheim, aber jedes Mal, wenn du ins Salzkammergut fährst, wirst du die erhellende Wirkung spüren. Besonders die Seen des Salzkammergutes spiegeln diese Ausstrahlung, und wir empfehlen dir, immer mal wieder in einem dieser Seen zu baden.

Frage: Wäre es dann nicht gut, dort hinzuziehen?

Antwort: Du kannst ein Leben lang im Salzkammergut leben und diese einmalige Wirkung nicht spüren. Wichtig ist, daß man ein Resonanzfeld zu dieser Schwingung entwickelt, durch stete Arbeit an sich selbst.

Gesetzt den Fall, du lebst in Bad Ischl oder am Wolfgangsee und dein Denken kreist nur um dich und deinen Alltag, so kommst du nie in Resonanz mit diesem meisterlichen Feld.

Die Natur allerdings profitiert in jedem Fall von diesem Strahlungsfeld. In diesen bevorzugten Gegenden leidet sie nicht so stark unter den niederdrükkenden Gedankenfeldern der Menschen. Sie schwingt stärker im Liebesfeld, und es ist deshalb an solchen Orten enorm erholsam für Leib und Seele.

Frage: Wie weit erstrecken sich die Strahlungsfelder solcher Plätze?

Antwort: In normalen Zeiten haben sie etwa den Radius von hundert Kilometern. In den Zeiten der Zusammenkünfte der Meister, in Zeiten erhöhter geistiger Aktivitäten etwa zweihundert bis fünfhundert Kilometer. Sensitive Menschen spüren dann eine tiefe Zufriedenheit und ein zartes Glücksgefühl in ihren Herzen aufsteigen.

Frage: *Mit welchem Symbol kann ich euch erreichen?*

Antwort: Stell dir einen geschliffenen, facettierten Aquamarin in der Form eines Achtsterns vor, mit diesem Symbol kannst du uns erreichen.

Der aquamarinfarbene Geburtsstrahl im März

Wir Engel des aquamarinfarbenen Strahls begleiten die Menschen, die im März geboren sind. Menschen, die unter unserem Strahl geboren sind, wirken auf ihre Umgebung oft unverständlich in ihren Handlungsweisen. Sie folgen selten den Gesetzen irdischer Logik. Menschen, die in unserem Farbstrahl auf die Welt kommen, haben sich vorgenommen, die Verbindung zu ihrer Seele nicht abreißen zu lassen und sind daher ihren inneren Impulsen gegenüber sehr geöffnet.

Wenn sie aber nicht strikt einer spirituellen Disziplin folgen, sowohl im Ethischen als auch in der spirituellen Praxis, kann die Offenheit ihren Innenwelten gegenüber sie auch zum Spielball aller möglichen Launen, astralen Einflüsterungen und magischen Denkens werden lassen.

Die Kinder des März' sollten versuchen, einer vollkommen klaren spirituellen Disziplin zu folgen und gleichzeitig ihr irdisches Leben in Klarheit und Ordnung halten. Wenn sie dies schaffen, können sie in wunderbarer Weise in Berufen, in denen Einfühlsamkeit gefragt ist, als Lehrer, Erzieher, Psychologe und ähnliches wirken. Sie haben eine natürliche Begabung, intuitiv bei ihrem Gegenüber den wunden Punkt zu treffen, und können dem zu Beratenden damit wichtige Hinweise geben.

So klarsichtig ihr Blick auf andere Menschen vielfach ist, so wenig können sie sich selbst durchschauen und bleiben sich bei mangelnder Spiritualität selbst ein Rätsel. Unter unserem Strahl treffen sich oft Seelen mit einem unklaren Inkarnationsmuster, das durch ein Leben im Licht des aquamarinfarbenen Strahls eine Klärung erfahren will. Im Laufe eines solchen Lebens reifen unter der Oberfläche oft sehr tiefgehende Erkenntnisse, die nicht in Worte gefaßt werden können, denn es sind Seelenerkenntnisse.

Weil Menschen des aquamarinfarbenen Strahls oft mit sich selbst Probleme haben, sind sie dankbar, wenn Menschen aus Farbstrahlen mit klareren Zielvorgaben um sie sind. Sie neigen zur Zerstreuung und sind deshalb froh, wenn andere für sie klare Lebenslinien aufzeigen. Da bei ihnen die Gefahr astraler Begegnungen besteht und sie bisweilen schon als Kinder damit angstmachende Erfahrungen hatten, meiden sie eine spirituelle Disziplin oft aus Angst, verrückt zu werden.

Sie weisen dann alles Religiöse oder Spirituelle brüsk zurück, aber nicht aus einem mangelnden Sensorium dafür, sondern aus Angst, von inneren Bildern oder Stimmen überwältigt zu werden. Hier ist der Punkt an dem wir Engel der Klarheit helfen können. Wir können sie durch die Klippen ihres eigenen Innenlebens hindurchführen zu einer Region des Friedens und der Erkenntnis. Sie machen sich aber oft von uns und unserer Tätigkeit ein falsches Bild und schrecken schon von der Vorstellung zurück, mit Engeln Kontakt aufnehmen zu können. Aber wir lieben unsere Schützlinge und warten geduldig.

DER VIERTE STRAHL:
Die blau-roten Engel des göttlichen Willens
(Erzengel Michael)

Ich bin nicht ein Engel mit dem Namen »**Michael,** mit dem Flammenschwert«, der einem Menschen im Notfall zu Hilfe eilt, sondern **wir** sind eine Engelsbruderschaft, die das göttliche Gesetz vertritt. Aus deiner Perspektive sind wir Unzählige. Unsere Engelbruderschaft bestand schon, bevor dieses Universum ins Sein gerufen wurde.

Wir sind wie eine Säule, die durch die Universen geht und den Willen Gottes, die höchste Liebesmacht zum Ausdruck bringt. Wir sind die kosmische Exekutive, wir setzen die Gesetze Gottes durch. Wenn ihr den Namen Michael ruft, so eilen wir herbei. Unser Name ist wie eine Notfallrufnummer.

Frage: Was bedeutet es denn dann, wenn ein Mensch Michael heißt?

Antwort: Ein Mensch, der unter dieser Namensschwingung steht, zieht Unordnung aus seiner Umgebung an, die durch ihn aufgelöst werden muß. Manchmal erscheinen diese Menschen wie Chaoten, aber das sind sie nicht wirklich, sondern sie ziehen diese Umstände nur in ihr Leben, um sie bei sich und bei anderen zu überwinden.

Die beiden Hauptfarben bei uns Michaelengeln sind blau und rot. Die lodernden Flammen, die auf viele wie ein Schwert wirken, sind das Wort Gottes, das Gesetz und Grundlage eures Seins ist. Wir sind in allen Welten dieses Universums vertreten, um dieses Wort Gottes zur Geltung zu bringen. Du kannst uns über das Symbol des Sechssterns mit dem gold-rot-blauen Flammenschwert in der Mitte erreichen. Der Sechsstern besteht aus zwei sich durchdringenden Dreiecken. Das obere Dreieck ist blau, das untere rot. Da, wo sich das blaue und das rote Dreieck durchdringen, entsteht die Farbe Violett. Das bedeutet, daß wir auch mit den Engeln des violetten, aber auch mit den Engeln des goldenen Strahls zusammenarbeiten.

Die Engel des violetten Strahls sind in der Lage, all den feinstofflichen Unrat, der sich in den mentalen, emotionalen und ätherischen Feldern von Einzelwesen oder ganzen Planeten angesammelt hat, zu verzehren und wieder in reine Elektronenenergie zu transformieren. Sie können euch einen ungeheuren Dienst erweisen, aber sie dürfen nur eingreifen, wenn ihr sie darum bittet.

DER VIERTE STRAHL:
Die blau-roten Engel des göttlichen Willens (Erzengel Michael)

Michael-Stern
Symbol für den blauen Strahl

In den höheren Welten herrscht eine wunderbare Ordnung, und es ist eure Aufgabe, sie in eurer Welt widerzuspiegeln. Auch eure Körper sollten diese Ordnung zum Ausdruck bringen. Eure Gesundheit hängt in hohem Maße von innerleiblicher Ordnung ab. Ihr könnt uns deshalb auch bei Gesundungsprozessen zur Hilfe rufen.

Wenn die Genesung ins Stocken gerät, setzen wir Gesundheit und leibliche Ordnung durch. Ihr könnt uns auch an jeden Ort der Welt entsenden, an dem Chaos herrscht, wir setzen die göttliche Ordnung in jedem Fall um, aber wir brauchen euren Ruf. Als Bewohner dieser Erdensphäre habt ihr die Verantwortung für den Planeten, und wir dürfen nur in besonderen Fällen oder mit eurem bewußten Wollen eingreifen.

Frage: Ihr sagtet am Anfang, daß ihr eine Engelsbruderschaft seid, wie soll ich mir das vorstellen?

Antwort: Du fragst nach unserer Ordnung. Wir sind hierarchisch gegliedert. Aber unsere Stellung wird nicht wie bei einer menschlichen Armee durch Streifen an der Uniform oder durch Orden kenntlich gemacht, sondern durch eine gewisse Leuchtkraft der Farben. Du kannst dir mit deiner eingeschränkten Sehkraft nicht vorstellen, welche Spektren die Farben »blau« und »rot« umfassen und welche Tiefe sie haben. Versuche zu verstehen, daß Farbe nicht nur etwas Oberflächliches ist, das du mit deinen Augen wahrnimmst, sondern daß in den Farben gleichzeitig Liebe und Information enthalten ist.

Erscheint uns ein Bote, ein Engelwesen einer höheren Dimension, so begegnen wir zugleich einem Energiefarbspiel von umfassender Intensität, das uns durch sein Erscheinen gleichzeitig eine spezielle Botschaft übermittelt. Diese Information ist viel präziser, als Worte das jemals vermitteln könnten.

Jeder Engel weiß immer genau, was seine Aufgabe ist. In den großen Engelorden künden immer die höher schwingenden Engel die Veränderung an. Alle Engel arbeiten horizontal und vertikal Hand in Hand.

Wir sind eingebunden in ein Geschehen von großer Lieblichkeit, eingebunden in eine kosmische Symphonie ohnegleichen. Daher lebt jeder Engel in einem tiefen Glücksgefühl und in überströmender Dankbarkeit. Jeder Dienst, den wir übernehmen, ist ein Mitwirken am Ganzen, und wir sind damit in den Schöpfungsakt eingebunden. Der Dienst eines Engels bedeutet, einem energieärmeren Universum, das sich dem Licht des Gottesreiches entgegen entwickelt, eine Liebes- und Lichtgabe darzubringen.

Das Reich Gottes besteht bereits, und auch ihr würdet euch durch einen solchen Dienst mitten darin befinden.

Es gab Zeiten auf Erden, als wir Boten Gottes noch wahrgenommen werden konnten. Die irdische Sphäre hatte sich noch nicht soweit von der himmlischen Sphäre abgesondert. Wenn wir Engel erschienen, bekamen die Menschen Instruktionen und Weisungen. Zivilisationen, die sich von diesen kosmischen Weisungen zurückgezogen haben, waren dem Verfall preisgegeben.

Zum jetzigen Zeitpunkt sind mitten in der Gesellschaft viele geistige Wesen verborgen, die zum Teil schon seit langem auf diesem Planeten inkarnieren, um eine Beschleunigung des Entwicklungsprozesses der Menschen einzuleiten. Dies war nötig, wie du an anderer Stelle gehört hast (s. a. **Die Engel des grünen Strahls, Erzengel Ra*pha*el**, S. 49), weil ein Volk eines anderen Planeten hier auf Erden seine Zivilisation aufbauen durfte.

Es war vorauszusehen, daß diese kosmischen Migranten ihre neue Zivilisation ebenfalls durch Machtwahn wieder zerstören würden und sie zum Wiederholungstäter an sich selbst werden würden. Um die sich entwickelnde Erdbevölkerung zu schützen und um ein Gegengewicht zu entwickeln, wurden viele Helfer aus weiterentwickelten kosmischen Zivilisationen und Mitglieder des Melchisedek-Ordens auf diese Erde entsandt.

In der atlantischen Zivilisation kam es dann zu einer Katastrophe, die aber nur einen Teil der Erde betraf. Leider haben viele der interplanetaren Helfer bei dieser Katastrophe Verletzungen an ihren feinstofflichen Schwingungskörpern erfahren, also gerade dort, wo ihre treffsichere Intuition und die Verbindung zu ihren kosmischen Brüdern und Schwestern angesiedelt waren.

Viele dieser Wesen waren und sind noch in großer Not. Sie inkarnieren immer wieder, haben aber ihre feinstoffliche Verbindung verloren. Oft erlebt ihr sie als rastlose Sucher, die von einem spirituellen Glücksversprechen zum nächsten hasten. Diese feinstoffliche Verbindung muß durch ihren persönlichen, zielgerichteten Willen wieder aufgebaut werden. Diese Menschen sollten nach der Hilfe der Engel rufen. Menschliche Therapien sind für diese Wesen nicht gut verträglich, denn ihre feinstofflichen Körper sind sehr komplex aufgebaut. Ihnen kann fast immer aus den geistigen Ebenen geholfen werden, aber sie müssen dies erkennen und die Hilfe anfordern. Wir bitten euch, uns überall dort zum Einsatz zu bitten, wo ihr diesbezüglich eine Berichtigung wünscht.

Übung:
Versuche dich einen Tag lang auf eine Farbe zu konzentrieren und beobachte, wie sich deine Stimmung verändert.

Frage: Ihr spracht vorhin vom Orden des Melchisedek. Worin liegt seine Aufgabe und gibt es noch weitere Engelorden?

Antwort: Es gibt außer dem Orden der Michaelengel und dem Orden des Melchisedek noch den Orden der Gabrielengel. Im Orden des Melchisedek arbeiten viele aufgestiegene Meister und auf Erden oft diejenigen, die den Aufstiegsprozeß bestehen wollen. Ihre Aufgabe ist, überall auf der Welt eine hohe Schwingungs-(Licht-)Frequenz aufrecht zu erhalten, so lange, bis die Umgebung zu einer gewissen Anregung kommt. Dann beginnen Reinigungsprozesse in dieser Umgebung, und es entsteht langsam eine Atmosphäre, in der höherschwingende Seelen inkarnieren können, um ihre Wirkung durch wissenschaftliche Erkenntnisse oder durch kulturelle, beziehungsweise soziale Erneuerungen zu entfalten.

Die Mitglieder des Melchisedek-Ordens sind spirituelle Pioniere. Sie bilden eine erste Welle von Licht-Inkarnationen, wenn auf einem Planeten Erneuerungen anstehen. In früheren Zeiten waren die Mitglieder des Melchisedek-Ordens hauptsächlich Priester. In diesem Rahmen konnten sie ihre Lichtmacht am besten entfalten.

Seit dem Verfall der religiösen Institutionen haben sie ihre Taktik geändert. Sie leben jetzt an gut gewählten, oft geomantisch starken Orten und bilden gemeinsam eine eigene Lichtmatrix. Wenn ihr ein Gefühl für ihre Frequenz entwickelt habt, findet ihr sie in der Menge. Sie fühlen sich nichts anderem als ihrem inneren Auftrag verpflichtet und sind daher unbestechlich allem Äußeren gegenüber.

Ihre Aufgabe ist nur, da zu sein. Ihre Lichtkraft wird entweder nicht wahrgenommen oder als unangenehm empfunden. Es ist für sie nicht einfach, denn auf den inneren Ebenen haben sie viele Kämpfe auszufechten, denn ihr Licht fordert Widerstand heraus.

Sie sind in einem sorgfältig austarierten Netzwerk auf dieser Erde verteilt. Nach dem zweiten Weltkrieg inkarnierten zusätzlich viele Mitglieder des Melchisedek-Ordens hierher, um eine große geistige Veränderung einzuleiten. Oft haben sie auch vom Beruf her mit Energie in irgendeiner Form, Licht, Feuer oder Gold zu tun (s. a. **Teil III: Fragen und Antworten**).

Frage: Könnt ihr mir zum Gabrielorden auch noch etwas sagen?

Antwort: Sie sind die Seelenerzieher. Sie führen die Menschheit von Stufe zu Stufe. Wenn du einen Engel des Gabrielordens zu dir rufst, kannst du schnelle Fortschritte machen, aber das Lernprogramm ist anspruchsvoll und wird niemals zum Selbstzweck gegeben.

Wer von einem Gabrielengel begleitet wird, der wird in aller Regel zum Lehrer oder Diener der Menschheit ausgebildet. Gabrielengel verströmen große Reinheit und Klarheit. Deswegen war es auch ein Gabrielengel, der Maria die Geburt Jesu verkündete, da ein großer Meister und Lehrer auf die Erde gesandt wurde.

Diese drei Orden bilden ein besonderes System innerhalb der Welt der Engel. Es gibt unzählige Engel, die auf vielen Welten und Ebenen tätig sind, aber diese drei Orden bilden die Hauptschlagadern göttlichen Wirkens.

Frage: Haben die einzelnen Tage verschiedene Farbfrequenzen?

Antwort: Ja, wenn es dir gelingen würde, dich schon früh am Morgen auf die jeweilige Farbkomposition einzuschwingen, wäre das für deinen Alltag eine große Hilfe.

Das Licht, das die Sonne abstrahlt, verändert sich auf den subtilen Ebenen dauernd. Diese feinen Veränderungen des Lichts auf seinen Unterebenen, sind für euch noch nicht physikalisch verifizierbar. Ihr kennt nur das sichtbare Licht oder die Teilchenstürme, die eure Satelliten treffen, oder die großen Sonnenzyklen, die wissenschaftlich erfaßt sind. Viele Prozesse in der Natur werden durch eine Veränderung des Sonnenlichts angeregt. Das Sonnenlicht, das ihr mit euren Augen wahrnehmt, ist nur ein geringer Teil der Lichtbotschaften eures Muttergestirns.

Große kosmische Wahrheiten werden jeden Tag verkündet, und eine Blume nimmt in ihrer »Einfalt« davon oft mehr zur Kenntnis als ihr, verstrickt in euren Alltagssorgen.

Auf deinem Bild siehst du zwischen den Händen eines Michaelengels ein Flammenschwert. Die Flammen wogen von der Erde zum Himmel und zurück. Das heißt, das Licht derer, die sich am göttlichen Schöpfungsplan beteiligen, vereint sich mit dem Licht der himmlischen Heerscharen. Der große rote Kreis im Hintergrund des Engels verweist auf das Element Feuer, denn alles wird im Feuer verzehrt, was nicht dem göttlichen Willen entspricht. Der blau-rote Mantel symbolisiert den Schutz, den wir Michaelengel euch gewähren können.

Um ein negatives Ereignis in euer Leben zu ziehen, habt ihr die Voraussetzung dazu durch negatives Fühlen, Denken und Handeln eurer Aura vorher eingeprägt, und dieses Muster strebt nach einer Verwirklichung in eurer dreidimensionalen Welt.

Wir Michael-Engel umhüllen euch mit der Aura des mentalen blauen Lichtes, das den Willen Gottes zum Ausdruck bringt, der niemals etwas Zerstörerisches zuläßt. Zerstört werden müssen nur eure negativen, mentalen Bilder. Das blaue Licht bedeutet also unseren Schutz, und das Rot verkörpert die aktive, abwehrende und verzehrende Kraft.

In der Mitte der Krone und ebenso in der Mitte des Schwertschaftes findest du das Yin-Yang-Zeichen. Es ist das östliche Symbol für den Ausgleich der Kräfte. In eurem Kulturraum verwendet ihr dafür den Sechsstern. Egal wie weit ihr euch von eurem göttlichen Plan entfernt habt, der göttliche Wille tritt euch immer wieder als ausgleichende Kraft entgegen.

Deswegen ist unser Symbol, über das ihr uns auch rufen könnt, der Sechsstern. Das obere Dreieck ist blau, das untere Dreieck rot, mit einem Flammenschwert in der Mitte. Dies ist das Zeichen unserer Bruderschaft. Ihr könnt es in der Meditation imaginieren oder euch auch als Zeichen des Schutzes um den Hals hängen. In jedem Fall schafft ihr damit eine Verbindung zu uns Michaelengeln.

Die Planeten auf dem Bild sind das Symbol dafür, daß die Bruderschaft des Michaelordens im gesamten Kosmos die Gesetze Gottes vertritt. Die Krone symbolisiert die Herrschaft und das Gesetz Gottes, das durch die Engel der Michaelbruderschaft überall im Universum vertreten wird.

Der blaue Geburtsstrahl im Monat April

Unter unserer Obhut stehen im Besonderen die Menschen, die im April geboren sind. Menschen unter unserem Strahl zeichnen sich durch ein vorurteilsfreies Denken aus. Sie treten an Sachverhalte oder Menschen heran, ohne sie vorher zu unterscheiden oder zu beurteilen. Unter dem blauen Strahl lernen sie mehr Urteilsvermögen, und sie lernen unter uns den ethischen und allgemeingültigen Aspekt zu erkennen und mit einzubeziehen.

Hier auf Erden untersteht unser Strahl dem Feuerzeichen. Damit geht eine große Durchschlagskraft und Durchsetzungsfähigkeit einher, und deshalb ist es für diese Wesen wichtig, übergeordnete Aspekte in ihr Denken und Urteilen mit aufzunehmen und nicht alles unterschiedslos interessant zu finden. Die Wesen, die unter dem blauen Strahl inkarnieren, suchen eigentlich Sammlung und Konzentration auf das Wesentliche. Sie sollten sich in Gedanken öfter auf unser Symbol konzentrieren, das hilft ihnen im Auf und Ab ihres Lebens, immer wieder Halt und Sammlung zu erfahren.

In Phasen von Streß neigen unsere Schützlinge zu kleineren und größeren Unfällen, die vermieden werden können, wenn es ihnen gelingt, einen Raum der inneren Ruhe in sich zu finden. Wir würden sie auch sehr gerne als helfende Hände in der äußeren Welt einsetzen, weil sie in der Lage sind, unerschrocken in eine Situation hineinzugehen, wenn sie von der Richtigkeit einer Intervention überzeugt sind. Ihr persönlicher Mut ist von unschätzbarem Wert, wenn er im Dienst einer übergeordneten Idee eingesetzt werden kann.

Die Möglichkeiten zur Entwicklung sind innerhalb unseres Strahls von großer Spannbreite. Wenn es den Menschen unter unserer Führung gelingt, sich auf ein höheres Ziel zu fokussieren, können sie für die Welt Durchschlagendes in Bewegung setzen. Da die Kraft, die hinter ihnen steht, so stark ist, ist es wichtig, daß sie zu einer klaren und inspirierten Urteilskraft über Menschen, Situationen und Zielsetzungen gelangen.

Unter unserem Strahl kann man aber nicht nur lernen, übergeordneten Zielen zu folgen, sondern man kann auch den Ausgleich polarer Konstellationen lernen. Als Lernpartner werden unseren Schützlingen oft Menschen beigegeben, die sie durch eine völlig andere Lebens- und Vorgehensweise immer wieder in Frage stellen. Solche Partnerschaften sind zwar schwer zu meistern, haben aber einen großen Lerneffekt für die Seelen des blauen Strahls. Sie müssen sich durch diese, sie ständig in Frage stellende Polarität immer wieder klar definieren und ihren Standpunkt finden. Für die Menschen des blauen Strahls ist daher die Partnerschaft die Quelle der Entwicklung.

Die grünen Engel des Lebens
(Erzengel Ra*pha*el)

Ra*pha*el ist einer derjenigen Gottessöhne oder Engel, wie ihr uns nennt, der sein Leben in den Dienst dieses Planeten gestellt hat. Vor dem kosmischen Gesetzesbruch war er dabei, die biologische Vielfalt für diesen Planeten zu koordinieren, und er ist auch weiterhin der Repräsentant derer, die alle göttlichen Baupläne für diesen Garten Eden verwalten.

Auf dem Bild des grünen Strahls siehst du einen Engel, der an einem Baum lehnt, mit einem Spiralstab in der Hand. Die Engel des grünen Strahls leiten die Elemente-Engel und alle Naturwesen, die die biologische Vielfalt erschaffen.

In der euch umgebenden Natur haben die Bäume dabei die allerwichtigste Bedeutung, da sie einen Austausch zwischen kosmischer und irdischer Energie bewerkstelligen. Sie sind gleichzeitig Antennen und Sender. Tagsüber speichern sie die Botschaften der Sonne, und nachts strahlen sie die Energie gefiltert wieder ab. Tausende von Lebewesen verdanken ihre Existenz dieser Schutzkraft und energetischen Umwandlungskraft der Bäume.

Bäume sind bewunderungswürdige Lebewesen mit großer Heilkraft. Hinter den Bäumen stehen geistige Intelligenzen, die den Lebensraum für euch erschaffen. Deshalb bildet der Engel des grünen Strahls auf deinem Bild eine Einheit mit dem Baum. Der Spiralstab ist ein Symbol für die lebensspendende Kraft des grünen Strahls und auch das Symbol, mit dem ihr uns erreichen könnt.

Ra*pha*els Aufmerksamkeit gilt all jenen Menschen und Gruppierungen, die in irgendeiner Form bereit sind, die ursprünglichen Pläne für diese Erde umzusetzen.

Er ist ein großer Lehrmeister. Wenn du unter seinem grünen Strahl arbeitest, wirst du tiefe Erkenntnisse erhalten über diese Erde, ihre eigentliche Aufgabe, über das Zusammenspiel der Natur und das Zusammenspiel von Natur und Mensch.

Dort, wo ihr versucht, durch Meditation, Gebet und die entsprechende Achtung vor der Natur die Schwingung zu heben, kann sich die Natur erholen, und an dieser Stelle kann die ursprüngliche Idee für diese Erde wieder unter dem Licht eurer Sonne erscheinen.

Die Erde war als Garten Eden gedacht. Eine intelligente Spezies war ausersehen, die biologische Entwicklung auf diesem Planeten zu überwachen. Viele kosmische Wesen waren daran beteiligt, diesen Garten zu erschaffen. Spezialisten unterschiedlicher Sternenkulturen wurden auf diese Erde berufen. Leider obsiegte hier nach einiger Zeit eigenwilliger Forscherdrang, der nicht mit den

kosmischen Richtlinien im Einklang stand. Es wurden Mischwesen geschaffen, von deren Existenz ihr noch durch eure Mythen und Märchen etwas wißt; unglücklicherweise auch unter Zuhilfenahme des genetischen Codes gewisser Sternbewohner, was eindeutig gegen das kosmische Gesetz verstieß.

Die menschliche Spezies, die diesen Garten Eden bewohnen sollte, hätte für ihre Entwicklung noch lange Zeit gebraucht. Durch die genetischen Experimente wurden auch Wesen geschaffen, deren Intelligenz in Disharmonie zu ihrem Emotionalkörper stand. Diese Unausgewogenheit ist bis heute auch ein Problem der Nachkommen dieser »Entwicklungshilfe«, vor allem bei Menschen der nördlichen Erdhemisphäre. Bis heute und auch weiterhin fühlen sich Bewohner gewisser Sternbezirke, deren Mitglieder einstmals diese Gesetze überschritten, dazu aufgefordert, als Wiedergutmachung eurem Planeten hilfreich beizustehen. Zum Teil, indem sie euren Planeten bewachen, zum Teil durch Inkarnationen in eine menschliche Existenz.

Da Ra*pha*el ein Meister der Naturkräfte ist und diese immer wieder harmonisiert, ist er bei euch auch als der Engel bekannt, der euch bei gesundheitlichen Problemen helfen kann.

Frage: Wie erlange ich dauerhafte Gesundheit?

Antwort: Du mußt die Elemente in dir zum Ausgleich bringen. Die Elemente-engel unterstehen auf diesem Planeten Ra*pha*el und damit dem grünen Strahl. Der Einflußbereich in eurem Körper für den grünen Strahl liegt am oberen Brustbein zwischen Herz und Halsansatz. Das körperliche Äquivalent ist die Thymusdrüse.

> Übung:
> Bade dich am Morgen in deiner Vorstellung eine halbe Stunde im smaragd-grünen, von innen her leuchtenden Licht. Du gleichst dadurch die Elemente in dir aus.

Vielleicht hast du schon von den Lehren der Essener gehört, die im grünen Gras den Inbegriff der Heilkraft sahen. Die Aussage ihres großen Lehrers war, daß im Gras alle Elemente vereinigt sind. Für die Menschen der damaligen Zeit war Gras anschaulich und ein gutes Symbol. Für dich und die heutige Zeit, in der viele von euch sich der Natur entfremdet haben, ist es praktischer, in der Meditation über die Farbe »Grün« nachzusinnen und sie sich vorzustellen.

Als ich mich am Abend mit Grippesymptomen zu Bett legen wollte, bekam ich eine Durchgabe eines Engels des grünen Strahls.

Wie du siehst, ist es manchmal schwer, sich in stärkendes weißgoldenes oder reinigendes violettes Licht zu hüllen. Auch die Übung mit dem grünen Licht zu machen, hilft dir in deiner augenblicklichen Situation wenig.

Wir möchten dir deshalb einen einfachen Bauplan vorstellen, der eine der energetischen Grundlagen für deinen physischen Körper ist. Das Zusammenspiel deiner vier niederen Körper ist hochkomplex, und wir werden an anderer Stelle darauf zurückkommen. **(s. Teil II Über die Elementekörper),** aber ein paar Wissensschritte hin zu einem ständig gesunden und nicht alternden Körper kannst du jetzt schon vollziehen.

Überall, wo sich in deinem Körper Gelenke befinden, zusätzlich auch an Hand- und Fußflächen, sind Energieschleusen (du kannst sie auch kleine Chakren nennen), die mit höherschwingenden Energiefeldern in Verbindung stehen. Diese Energieschleusen sind durch leitende Bahnen miteinander verbunden. (Im Meridian- und Akupunktursystem wird mit analogen Vorstellungen gearbeitet, aber sie weichen in etlichen Punkten von dem ab, was wir dir hier mitteilen wollen.) Hier geht es uns darum, dich schnellstmöglich wieder mit Energie, vor allem mit ihrem Rhythmus zu verbinden.

Jeder Körper ist, wie du weißt, mit einer Aura oder Ausstrahlung umgeben, die seine vier niederen Körper abstrahlen. Es sind sich überlagernde Felder mit unterschiedlicher Ausdehnung. Ein geübter Hellseher kann aus deiner Farb- und Lichtstrahlung auf dein gedankliches Niveau und deine momentanen Gefühle rückschließen.

Diese Felder sind genauso aufgebaut wie die Luftschichten und Sphären um die Erde, einschließlich der Magnetfelder, die euren Planeten umgeben. Seid ihr als kosmische Wesen in dieses solare System eingetreten und wollt ihr auf einem der Planeten dienen, müßt ihr euch nach und nach immer dichterer Hüllen bedienen, bis ihr euch zum Beispiel hier auf der Erde verkörpern könnt.

So, wie die Wetterverhältnisse große elektrische und magnetische Erscheinungen sind, so spiegeln sich in euren feinstofflichen Hüllen kollektiv menschliche, also gedankliche und emotionale Großwetterlagen. Auch hat umgekehrt das Denken und Fühlen der Menschen Rückwirkungen auf das Wetter.

Hier geht es darum, daß du sofort etwas unternehmen kannst bei Instabilität, Nervosität oder sogenannten Krankheitsanzeichen. Jedem körperlichen Unwohlsein geht eine ungleichmäßige Atmung voraus, die du nicht bemerkt hast. Jedes Zusammensein mit einem anderen Menschen verändert auf subtile

Weise deine Atmung. Die Atmung ist von der grobstofflichen Aufnahme von Luft, über die vielen feinstofflichen Atmungs- und Schwingungszustände bis zur Aufnahme von Prana, beziehungsweise den Lichtquanten, eine vollkommene Wissenschaft für sich. Um dich nicht zu verwirren, mußt du vorerst nur eines wissen:

Dem wichtigsten Punkt der japanischen und chinesischen Feinstofflehre, dem Tan Tien sollte deine Aufmerksamkeit gewidmet sein. Versuche, dir vorzustellen, wie dieser Punkt, der etwa drei Finger breit unterhalb deines Nabels liegt, atmet, sich hebt und senkt. Du kannst das im Sitzen oder auch im Liegen probieren. Vor allem bei Ärger solltest du dich sofort auf diesen Punkt konzentrieren.

Von diesem Punkt aus werden die feineren Atmungsvorgänge gesteuert, die Rhythmen deiner feinstofflich schwingenden ätherischen, emotionalen und mentalen Körper. Die Nasen-Lunge-Luftatmung sitzt sozusagen Huckepack auf diesen feinstofflichen Schwingungszuständen. Um dein Aurafeld zu stabilisieren, stell dir vor, wie deine Atmung von diesem Tan Tien ausgeht. Beim Einatmen wird der ganze Körper weit, und beim Ausatmen fließt kosmische Quantenenergie in dein Feld bis zu deinem Tan Tien. Auf diese Weise kannst du deinen Körper sehr gut energetisieren.

Viele körperliche Irritationen kommen durch ein zu schwaches Energiefeld über dem Solarplexus. Die Atmung wird flacher oder stockt. Das kann schon durch die aufgewühlte Aura eines zufällig an dir vorübergehenden Menschen ausgelöst werden. Infolge dessen werden die Schultern reflexhaft hochgezogen, und die Energie staut sich am Kreuzungspunkt zwischen den Schultern und dem mittleren Meridian.

Hier ist genau über dem sechsten Halswirbel ein sehr wichtiges Chakra. Die hochgezogenen Schultern stauen die Energie, die von deinem Kronenchakra, also über den Mittelpunkt deines Kopfes entlang der Wirbelsäule fließt. Die Energie bleibt in Form von Aufregung in deinem Kopfbereich gestaut. Der Körper ist energetisch unterversorgt, und du bist mal wieder aus der Mitte. Hier hilft die bewußte Tan Tien-Atmung.

Du hast viele energetische Fenster an Kopf, Händen und Füßen. Wenn du Zeit für Übungen hast, widme ihnen große Aufmerksamkeit. Jeder einzelne Zeh deiner Füße hat ein Chakra, ebenso wie deine Finger. Jedes dieser Chakren öffnet sich für eine bestimmte Farbe und ihren Frequenzbereich und steht in Wechselwirkung mit den Organen. Die sorgfältige Pflege von Händen und Füßen, das bewußte Gehen, Stehen und sich dem Sonnenlicht Aussetzen, Waschungen und Ölungen von Händen und Füßen sind große Gesundheitsgeheimnisse.

Am Kopf sind alle Öffnungen der Sinnesorgane mit Energiewirbeln verse-hen. Nachlassendes Sehen, Hören und Riechen hängt mit gestauten, schwach strömenden Energiewirbeln am Kopf zusammen (s. a. **Teil II: Der Mental-körper, das Ikosaeder und der Zehnstern**, S. 143). Außer den bekannten Chakren, dem sogenannten Dritten Auge über eurer Nasenwurzel, dem Kro-nenchakra über dem Mittelpunkt eures Hauptes und den sechs Chakren über euren Sinnesorganen gibt es noch weitere zwölf Nebenchakren an eurem Kopf.

Die Schläfenchakren sind für eure Intuition wichtig, und die Chakren über den Ohren dienen der Kommunikation mit höher schwingenden Welten. Du zum Beispiel hörst uns vermittels dieser Chakren. Die Funktion der übrigen Chakren werden wir dir später erklären. Wenn du alle Energie-Wirbel zu erspüren versuchst, wirst du schnell merken, welche schwächer pulsieren. Du kannst hier immer durch bewußte Lenkung des weiß-silbernen Lichtes und später auch des goldenen Lichtes diese Wirbel wieder anregen. Stell dir einfach vor, wie die weiß-silbernen glitzernden Lichtquanten in diese Wirbel strömen.

Diese Übung kannst du auch im Bett liegend durchführen, wenn du dich nicht wohlfühlst. Sie eignet sich aber auch als tägliche Übung, um deinen Kör-per zu stärken und Blockaden abzubauen. Du kannst mit uns über das Symbol des Spiralstabs, den der Engel auf deinem Bild in der Hand hält, in Verbindung treten.

Spiral-Stab
Symbol für den grünen Strahl

Der grüne Geburtsstrahl im Mai

Wir Engel des grünen Strahls umsorgen und inspirieren Menschen, die im Monat Mai geboren werden. Es handelt sich zum großen Teil um einen alten Seelenstamm, der sich die Entwicklung der Erde im Bereich der Natur, des Baulichen und des Künstlerischen zur Aufgabe gemacht hat.

Diese Seelenfamilie versucht immer wieder, die göttlichen Gesetze von Maß und Schönheit ins Leben zu rufen. In ihnen ist ein sehr tiefes Verhältnis zur Natur angelegt, und potentiell wären sie leicht in der Lage, mit den Naturwesen Kontakt aufzunehmen. Oft fühlen sie die Blumenelfen oder die Intelligenzen, die hinter den Bäumen walten und die ihr auch Elben nennt. Sie spüren instinktiv, was diese Naturwesen wollen, und führen das auch aus, ohne es vom Verstand her zu kontrollieren. Ihr Farbempfinden ist oft höchst sensibel, und sie sind in der Lage, mehr Zwischentöne wahrzunehmen als andere Menschen. Sie streben nach Berufen, wo sie entweder naturnah leben können oder in denen sie ihre Vorstellungen von Ästhetik und Maß verwirklichen können. Es ist eine bemerkenswerte Seelenfamilie, die schon lange ihre Fähigkeiten hier auf der Erde zur Verfügung stellt.

Natürlich inkarnieren auch andere Wesen im grünen Strahl. Zum Beispiel diejenigen, die ihren Mitmenschen die Heilkraft des grünen Strahls zur Verfügung stellen wollen. Menschen in Heilberufen oder Menschen, die mit den Händen arbeiten, sind Anwärter für den grünen Strahl.

Menschen des grünen Strahls wollen, wo auch immer sie stehen, das Gesundungsprinzip (das Sonnenprinzip), also den ursprünglichen, göttlichen Plan für diese Erde umsetzen. Begegnen sie dabei zu vielen Widerständen, so überwinden sie mit erstaunlicher Hartnäckigkeit alle Hürden, die sich zwischen ihnen und der Erfüllung ihres Vorhabens aufgetürmt haben.

Der grüne Strahl drückt sich hier auf der Erde durch das Feuerelement aus. Die Sonne, im ägyptischen »Ra« genannt, also ein Namensbestandteil RA*PHA*ELS, enthält in ihrer Strahlung die für die Natur anregenden und ordnenden Botschaften. Für die Menschen des grünen Strahls ist deshalb die Sonne von essentieller Bedeutung. Sie sollten es sich zur Gewohnheit machen, falls sie es instinktiv nicht schon längst tun, in der Sonne zu meditieren. Es geht nicht nur um einen netten Spaziergang oder Aufenthalt im Freien, sondern es sollte ein bewußter Akt der Verbindung mit der Sonne sein, denn sie ist für die Menschen dieses Strahls ein wahres Lebenselixier.

Wenn ihr Partner eines Mai-Menschen seid, so achtet auf die Naturnähe und zwingt ihn keinesfalls zu einer städtischen Existenzweise, denn die Menschen des grünen Strahls brauchen auf elementare Weise die Naturnähe, um sich entfalten zu können.

Der sechste Strahl:
Die rosa-goldenen Engel der Liebe

Auf dem Bild siehst du, wie der Engel der Liebe durch das Licht seines Füllhorns den Drachen in pures Gold verwandelt. Die zerstörerische Energie des Drachen verwandelt sich durch die Liebe. Liebe auf unserer Ebene des Seins ist die immerwährende ekstatische Betrachtung des göttlichen Urbildes, alles ist vollkommen in ihm. Die Liebe ermüdet nicht in der Betrachtung der göttlichen Wahrheit eines Menschen oder einer Situation.

Der Engel auf deinem Bild ist der Aufruf, die Situationen eures Lebens immer wieder vollkommen zu sehen. Der Engel betrachtet nicht den Drachen, sondern er blickt auf das strömende Licht seines Füllhorns. Dies ist der Punkt, aus dem heraus ihr alle Probleme meistern könnt. Es ist die Betrachtung des Lichtes. Seht nicht wie Lots Frau auf die Zerstörung der Stadt, also auf die Probleme der Gesellschaft, auf die Malaise in euren Beziehungen, auf die psychologischen Probleme zwischen euch und anderen, sondern blickt auf das eigene Licht, welches euer Herzzentrum abstrahlt.

Prägt euch dies ein: Vor eurem Herzen befindet sich ein Lichtschein. Macht die Augen zu und fühlt ihn, es ist ein warmes Licht, das von eurem Herzen ausgeht. Übt in Gedanken, immer bei diesem Herzzentrum zu verweilen. Blickt nicht allzu lange neugierig in diese Welt. Wir versichern euch, diese Welt, die ihr seht, ist nicht die Wahrheit, sie besteht aus Trugbildern. Das Tor zu eurem wahren Zuhause beschreitet ihr über euer Herzenslicht. Entfacht dieses Licht, in dem ihr euch darauf konzentriert. Wenn Christus sagte: »Das Himmelreich ist in euch« (N.T. Lk 17,21), so war das eine Einladung, durch das Licht des Herzens euren und damit unser aller Himmel zu betreten. »Himmel« und »Heim« haben eine gemeinsame sprachliche Wurzel. Geht über diese Lichtbrücke in eurem Herzen nach Hause.

In eurer Gesellschaft sind Herzleiden weit verbreitet. Die Ursache wird falscher Ernährung und Bewegungsmangel zugeschrieben. Die tiefere Ursache aber liegt in der Entfernung einer ganzen Gesellschaft von diesem Herzenslicht. Die Konsumgesellschaft mit all ihren Verlockungen und Angeboten zieht die Aufmerksamkeit weg von diesem Lichtzentrum. Die Folgen davon sind Depression und Krankheit. Die Menschen verhungern förmlich energetisch in scheinbarer Fülle. Der Mensch lebt aus diesem inneren Herzenslicht heraus, und aufbauend sind für ihn nur jene Dinge der Außenwelt, die diese Herzensqualität widerspiegeln. Liebe ist eine Energie, die immer dorthin fließt, wo die Bedürftigkeit am größten ist. Liebe ist, wenn man einem anderen Menschen die Chance zum Wachstum gibt.

Die rosa-goldenen Engel der Liebe

Liebe ist, wenn man bereit ist, für einen anderen Menschen eine Stufe zu sein, also das, was Eltern für ihre Kinder sein sollten. Das heißt, die Mühsal des familiären Lebens auf sich zu nehmen, um den Kindern ein Terrain zum Wachstum zu geben. Es ist immer eine Situation, die beiden Teilen von Nutzen ist. Gibst du einem anderen Menschen die Chance zum Wachsen, dann wächst du selbst. Die Menschen sind so tief verwoben miteinander, sie wachsen nur gemeinsam. Selbst dann, wenn sich einer aus der Gemeinschaft aussondert, um sich vollkommen dem Gebet oder der Meditation zu widmen, tut er das für die ganze Umgebung.

Sich mit der Liebe beschäftigen, heißt auch, über die Auswirkungen nachdenken, die unsere Gedanken, Worte und Taten für unsere Umwelt haben.

Ein geöffnetes Herzzentrum zu haben, bedeutet, auch ein intuitives Wissen zu besitzen, was anderen Menschen Not tut. Ihr seid dann in der Lage sensibel zu spüren, was euer Nächster braucht.

Der Liebesstrom, der durch euer Herzzentrum fließt, ist auch die Kraft der Manifestation. Erkennt, daß Jesus Christus keine Wunder für sich selbst tat. Weder verwandelte er Wasser zu Wein für sich selbst, noch heilte er sich selbst. Es waren ausschließlich Liebestaten für eine darbende Menschheit.

Im Augenblick gibt es viele Bücher über Manifestation. Der sicherste und einfachste Weg, dir selbst die Macht der Gedanken zu beweisen, liegt darin, das Gute für deinen Nächsten zu wünschen. Rufe die göttliche Kraft herab, um den Mangel oder den Leidzustand eines Mitmenschen zu lösen, und du wirst baldigst ein Ergebnis erzielen.

Für sich selbst mehr als einen lebensnotwendigen Rahmen manifestieren zu wollen, führt leicht in gefährliche Gewässer, nämlich auf die Irrwege materieller Wünsche und Vorstellungen.

Du brauchst keine Angst vor dem Leid anderer Menschen zu haben. Öffne dich für die Intelligenz in deinem Herzen, und du wirst immer wissen, was für dich zu tun ist. Leid entsteht nur aus dem Gefühl scheinbaren Getrenntseins von der göttlichen Ordnung, Liebe und Weisheit.

Ein Mensch in der Not bedarf eines Engels der Liebe, und wir Engel brauchen Menschen, die wir einsetzen können. Ein Mensch in Leid, Apathie oder Verzweiflung ist meist nicht mehr in der Lage, zu beten. Er kann dann nicht mehr für sich selbst eine Brücke zur Transzendenz sein. In so einem Fall brauchen wir euch Menschen. Wir schicken euch in Situationen, wo ihr Brückenbauer sein könnt. Ihr öffnet für uns das Tor, mehr ist nicht gefordert. Wenn ihr konkret Hilfe geben sollt, so werdet ihr das spüren. Oft genügen ein paar Worte oder ein Gebet.

Geflügeltes Herz
Symbol für den rosa-goldenen Strahl

Unser Symbol ist das geflügelte Herz. Unsere Farben sind Rosa mit einem silbernen Schimmer. Wie die Gabrielengel stehen wir im Dienst der Himmelskönigin, des mütterlich-weiblichen Aspekts dieses Universums. Ihr inniges Anliegen ist es, jedes fühlende Wesen in vollkommener Liebe zu umhegen, es froh und glücklich zu wissen. Diesen Auftrag zu erfüllen, sind wir da. Kosmische Liebe erfüllt alle Räume und alle Dimensionen. Alle Wesen sollen und dürfen am göttlichen Fest teilhaben. Ihr sollt nicht als armselige Zaungäste vor dem geschmückten Haus stehen, ihr seid geladene Gäste.

Traut euch! Zieht in die Dimension der Liebe und der Freude ein. Das ist euer Geburtsrecht!

Nachdem ich lange keinen Kontakt mehr mit den Engeln der Liebe hatte, erhielt ich am 19. Juni 09 folgende Durchgabe:

Der sich vor euren Augen ausbreitende Kosmos ist ein Ausfluß göttlicher Liebe. Alles, was sich eurem Auge darin darbietet, ist in unterschiedlicher Stärke mit Schöpferkraft versehen. Wäre das nicht so, könnte niemals ein neues Universum entstehen, es würde in der göttlichen Latenz bleiben.

Da die Schöpferkraft ein Aspekt Gottes ist, seid ihr und alles, was entsteht, immer in untrennbarer Einheit mit Gott verbunden. Diese Einheit ist das, was ihr Liebe nennt. Das, was ihr als Magnetfeld bezeichnet, ist eigentlich ein Liebesfeld. Durch diese Magnet- bzw. Liebesfelder wird das ganze Universum zusammengehalten, obgleich es sich ständig erweitert. Alles was geschaffen wurde, steht immer in einer magnetischen Beziehung zu seinem Schöpfer. Jedes erschaffene Wesen ist ausnahmslos in dieses göttliche Liebes- oder Magnetfeld eingebettet.

Da ihr aber selbst schöpferische Wesen in einem biologischen Umfeld seid, webt jeder eurer Gedanken, jeder Wunsch, den ihr hegt, und auch jede Emotion, die ihr fühlt, ein eigenes Magnetfeld, das euch wie ein Kokon umhüllt.

Je verworrener euer Denken und Fühlen ist, desto abgeschnittener fühlt ihr euch vom Ganzen und desto weniger könnt ihr am ursprünglichen göttlichen Liebesfeld teilhaben. Die eigenen Ängste und Sorgen, die alle ihre eigene selbstverwirklichende Kraft in sich tragen und die als eure Schöpfungen mit euch verbunden sind, schieben sich wie ein Vorhang vor euch und euer ursprüngliches Liebesfeld. Die Folge sind Unglück und Selbstzweifel. Ihr fühlt euch unwert. Negative Urteile anderer über euch verstärken noch das persönliche negative Feld, das sich entwickelt hat.

Wenn in der Kirche um die Vergebung der Sünde (Absonderung) gebetet wird, so liegt die Hauptsünde darin, daß ihr euch selbst nicht mehr lieben könnt, das heißt, daß ihr die Schöpfung Gottes, die ihr seid, das **ICH BIN**, das in euch liegt, nicht in tiefer Freude und Dankbarkeit ergreift. Bezieht die volle Liebe Gottes auf euch, denn ihr seid in gewisser Weise sein Gegenüber. Versucht, dieses magnetische Schwingungsfeld zu erfühlen:

Übung:
Schließt die Augen und spürt die Liebesenergie, die euch ständig zufließt. Spürt sie auf eurer Haut und überall an eurem Körper.

Wenn ihr achtsam seid, so werdet ihr spüren, daß ihr diese Kraft überall an und in eurem Körper unterschiedlich wahrnehmt.

Dort, wo sie anscheinend schwächer ist (oft ist das identisch mit euren Problemzonen), lenkt bewußt eure Aufmerksamkeit hin.

Dann bekräftigt laut aus tiefster Überzeugung: »ICH BIN die göttliche Liebe, die mein(e) ... durchströmt und versorgt, alle Zellen erneuert und mich im Glanz meines wahren Wesens erstrahlen läßt.«

Lenkt gleichzeitig euren Atem an diese Stelle.

Wenn ihr aufhört, über euch selbst negativ zu urteilen, dann seht ihr auch, wie verfehlt es ist, ein negatives Urteil über eine andere göttliche Schöpfung abzugeben.

Das Gebot Jesu: »Liebe deinen Nächsten wie dich selbst« wurde nur von wenigen richtig verstanden. Keinesfalls geht es um ein aufgesetztes »nett sein«. Wenn ihr eure eigene göttliche Schöpfung, die ihr seid, richtig verstanden habt, wächst auch die Ehrfurcht vor anderen Wesen, sei es Mensch, Tier oder Pflanze, die ja ebenfalls göttliche Schöpfungen sind. Es geht nicht um ein Helfen-Wollen, sondern um die tiefe Achtung vor dem anderen Wesen. Egal, was ein

Mensch tut, wie ungeschickt er auch immer mit seiner Befähigung des Denkens und Fühlens umgeht, er ist eine göttliche Schöpfung.

Schöpfung verläuft gleichzeitig auf verschiedenen Oktaven, und von höheren Standpunkten aus wird immer verständlich, warum ein Mensch nur so und nicht anders handeln kann. Das, was ihr normalerweise als Liebe bezeichnet, ist das Angezogensein zweier Personen zueinander. Die Faszination und die magnetische Anziehungskraft, die zwei Menschen aufgrund der Gesetze der Synchronizität oder der Komplementarität aufeinander ausüben, hat nichts mit der ursprünglichen göttlichen Liebe zu tun. Ihr könnt einen anderen Menschen erst dann wirklich lieben, wenn ihr eure ursprüngliche göttliche Einheit wieder entdeckt habt und völlig in dieser Liebe und Stärke lebt.

Ansonsten bleibt eine Beziehung immer ein Kampf um Aufmerksamkeit und Energie. Bevor ihr nicht die magnetische Einheit mit eurem Ursprung entdeckt habt, könnt ihr nicht wirklich befriedigende Beziehungen leben.

Strebt mit aller Kraft danach, diese Einheit mit eurem Ursprung zu entdecken, denn daraus kommt alles Gute, alle Harmonie und jegliche Segnung, die einem Menschen widerfahren kann. Sich selbst zu lieben, ist die wahrhaft göttliche Haltung, aus der euch und eurer Umgebung alles Gute zufließen wird.

Der rosa-goldene Geburtsstrahl im Juni

Unter unserem Licht sammeln sich Wesen, die die heilkräftige Wirkung der Liebe in besonderem Maße nötig haben. Jene, die im rosa-goldenen Strahl geboren sind, öffnen die Herzen derjenigen, die ihnen begegnen. Sie fordern Menschen immer wieder dazu heraus, sich um sie zu kümmern und ihnen in ihren Lebensbelangen weiterzuhelfen.

Dies ist kein unverdientes Geschenk, sondern sie sind Wesen, die auf Grund idealistischer Vorstellungen in früheren Inkarnationen viel zu leiden hatten. Sie waren oft Angriffen ausgesetzt und trugen Verletzungen davon. Im rosa Strahl können die seelischen und die physischen Verletzungen geheilt werden, aber auch deren Ursachen. Diese Wesen verbergen ihre Verletzlichkeit oft hinter einer rationalen Maske. Sie fügen sich gerne in größere Institutionen oder Hierarchien ein, aus einer Art von Schutzbedürfnis und aus der Furcht, durch ein zu exponiertes Auftreten irgendwelchen Angriffen ausgesetzt zu sein.

Sie bewegen sich zu ihrem eigenen Schutz gerne in größeren sozialen Zusammenhängen. Freundeskreise, große Firmen, eine starke Partnerschaft oder große Familie vermitteln ihnen unterbewußt ein Gefühl von Schutz. Durch ein liebevolles Umfeld können sie langsam auftauen und dann ihren Schatz an

Wissen und Erfahrung für die Gemeinschaft fruchtbar machen. Wenn wir Engel der Liebe bewußt mit einbezogen werden, können wir den Heilungsprozeß alter Wunden beschleunigen.

Der rosa Strahl, der diese Menschen umgibt, öffnet ihnen viele Türen, was sie beruflich in Spitzenpositionen bringen kann. Hier besteht aber ein Problem. Wenn bis dahin die tiefsitzenden Ängste noch nicht gelöst oder bewußtgemacht worden sind, schrecken sie vor solchen Verantwortungen entweder zurück oder sie sind in einer exponierten Stellung innerlich sehr belastet, was bis zu körperlichen Symptomen führen kann. Diese inneren Schatten sollten also gelöst werden, bevor eine gesellschaftlich exponierte Stellung eingenommen werden kann.

Wir führen deshalb unsere Schützlinge immer wieder in Situationen, in denen sie auf spielerische Weise mit ihren Ängsten konfrontiert werden. Sie sollten sich unbedingt mit dem Thema Gewalt auseinandersetzen. Denn damit ein gewaltsamer Akt entsteht, muß es immer zwei Beteiligte geben. Die sich bedingende Konstellation von Opfer und Täter sollte durchdacht werden. Unsere Schützlinge sollten Selbstanalyse betreiben und in der Tiefe ihrer Seele forschen, warum sie immer wieder zur Provokation neigen, die im extremen Fall Gewalt zur Folge haben kann. Dieses Muster kann im rosa-goldenen Strahl überwunden werden, weil er auch lehrt, die Menschen liebevoll und verstehend zu betrachten.

In der Partnerschaft mit einem Menschen des rosa-goldenen Strahls seid ihr in besonderer Weise dazu aufgefordert, auch eure eigenen Bedürfnisse wahrzunehmen und sie zu artikulieren. Da dieser Strahl befähigt, die Herzen zu öffnen, Hilfestellungen zu erhalten und von der Großzügigkeit anderer zu profitieren, müßt ihr als Partner wissen, wo eure Grenze ist. Menschen dieses Strahls wollen niemanden bewußt ausnützen, aber es gelingt ihnen mehr als anderen, Hilfsbereitschaft im Gegenüber zu erzeugen. Als Partner solltet ihr hier also gewisse Grenzen ziehen und einhalten.

Die gelben Engel der Weisheit unter Erzengel Uriel

Wir Engel der Weisheit stehen euch zur Seite, um euren irdischen Tagesablauf, eure irdischen Belange auf die wunderbarste Weise zu regeln. Wir Engel des gelben Strahls inspirieren das wissenschaftliche Forschen der Menschen, soweit es einer Verbesserung eures Lebens dient. Unser Ziel ist es, euch bei der Vereinfachung der menschlichen Arbeit zu unterstützen, was bei euch zu einer Entlastung der Lebensumstände führen sollte. Alles, was euer Tun verkompliziert, entspringt nicht dem göttlichen Denken.

Wir unterhalten auf den höheren Ebenen Schulungsstätten für die Menschen. Nachts im Schlaf gehen viele der Seelen, die sich bis zu einem gewissen Grad entwickelt haben, in diese geistigen Schulungszentren. Einige Wissensgebiete, mit denen ihr euch dort beschäftigen könnt, dienen zum Beispiel der Entwicklung und Verfeinerung des menschlichen Körpers in seiner jeweiligen Umwelt, oder sie umfassen die Möglichkeiten der Verständigung und der Fortbewegung. Des weiteren geht es um innovative Formen des Wohnens, um das Erziehungswesen, eine Weiterentwicklung der Institutionen und um bessere Formen des gesellschaftlichen Miteinanders der Menschen. Es gibt noch unendlich viele weitere Themen.

In diesen Schulen wird an Fallbeispielen gelehrt. Hier wird nach dem Motto gelernt: »Was wäre wenn...« oder: »Was würdet ihr tun, wenn...«

Es werden keine fertigen Lösungen geboten, sondern die Schüler haben die Möglichkeit, Gedanken anschaulich zu machen, sie in den Raum zu projizieren und dann mögliche Folgen zu studieren.

Die Lernmöglichkeiten sind wunderbar, denn in kürzester Zeit können die eventuellen Folgen bestimmter Handlungen aufgezeigt werden. Diese Bilder können wieder gelöscht werden – ganz im Gegensatz zu den Entscheidungen, die ihr auf dieser irdischen Ebene trefft, mit deren Auswirkungen ihr euch vielleicht noch lange befassen müßt. Der Besuch dieser Schulungsstätten ist außerordentlich hilfreich für euch. Kommen Menschen mit ihren irdischen Problemen nicht weiter, sorgen wir Engel erst für ihre Entspannung. Wir spielen mit ihnen. Ist dadurch das Bewußtsein wieder gelockert, öffnen sich die Menschen von allein den inspirierenden göttlichen Ideen.

Ihr könnt diese Schulungsstätten auch als Zentren komprimierten Wissens sehen. Alles, was über ein Gebiet zu wissen möglich ist, ist hier konzentriert. Wir Engel der Weisheit sind für euch da, leiten an, geben Hinweise, eher vergleichbar mit dem Personal einer Bibliothek. Sehr oft ist es so, daß viele Menschen ein

DER SIEBTE STRAHL:
Die gelben Engel der Weisheit unter Erzengel Uriel

64

ähnliches Problem haben oder an der gleichen Sache forschen. Sie treffen sich hier in den Weisheitszentren und finden automatisch zusammen. Gemeinsam lösen sie ihre Probleme.

Auf der Erde ist es dann so, daß Erfindungen, die die Menschheit voranbringen, oft gleichzeitig gemacht werden. Die Erfinder oder Entdecker waren zusammen am gleichen geistigen »Schulungsort« und haben die Lösungen gemeinschaftlich erforscht. Die Menschheit erarbeitet sich hier ihre Problemlösungen selbst.

Da immer Wesen mit ähnlichen Fragestellungen zusammenfinden, weiß der einzelne natürlich nicht, über welchen Fragen in den anderen Räumen und Ebenen dieser Weisheitsschule nachgedacht und gearbeitet wird. Wir Engel der Weisheit aber haben den Überblick über das Ganze. Es hat schon Ähnlichkeit mit einer Universität mit Tausenden von Seminaren. Oft trefft ihr hier auf Erden Menschen, mit denen ihr sozusagen auf der gleichen geistigen Schulbank gesessen seid. Mit einer solchen Begegnung kann man sich gegenseitig an bestimmte geistige Erkenntnisse erinnern.

In den Klassen des sozialen Lernens werden oft soziale Notlagen auf Erden zum Thema erhoben, und viele Klassen arbeiten an den Lösungen. Auch für die Probleme einzelner Menschen gibt es eine Art »Börse« oder »Schwarzes Brett«. Nach dem Motto: »Bin in der und der Situation, suche das oder jenes.« Meistens gibt es jemanden, der eine Lösung kennt oder hat. Aus dieser Ebene kommen die paßgerechten Lösungen und Fügungen in eurem Leben.

Um Hilfe aus dieser Ebene zu bekommen, muß man nicht selbst auf diese Schulen gehen. Jeder Schüler der geistigen Schulungszentren übernimmt Verantwortung für seine planetare Umgebung. Wie ein Wächter paßt er auf, ob alles in seinem Umfeld in guten Bahnen läuft. Taucht in seiner Umgebung ein Problem auf, thematisiert er es während seiner nächtlichen Schulung, und auf dieser Ebene wird dann eine Lösung erarbeitet oder Hilfestellungen angeboten.

Die Probleme von einzelnen werden kollektiv durchdacht, und es werden Lösungsmöglichkeiten angeboten. Hilfe ist immer da!

Frage: Ich kann also bei einem Problem nicht einen persönlichen Weisheitsengel zu mir rufen?

Antwort: Doch, aber dieser Engel führt dich auf eine Ebene gemeinsamer Problemlösungen. Deine Frage oder dein Problem ist fast immer ein Problem, das mehrere bedrückt.

Frage: Und wie ist das mit Familienproblemen?

Antwort: Auch hier ist das Kollektive viel stärker als du glaubst. Ob und wie eine Familie besteht, hängt sehr oft an gesellschaftlichen Faktoren. Du kannst Familienprobleme immer auf eine handvoll Grundprobleme zurückführen, und die können in Gemeinschaft mit anderen durchdacht werden.

Sagen wir es so:
Die Lösung für alles ist bereits vorhanden, und sie zieht die Suchenden an wie ein Licht in der Dunkelheit.

Wir stellen immer wieder fest, daß ihr glaubt, ihr hättet ein Problem ganz exklusiv für euch, aber ein Nachbar hat vielleicht genau das gleiche Problem wie ihr selbst. Es sind immer wieder die gleichen Grundfragen, die die Menschheit bewegen, in unterschiedlichem Gewande.

Frage: Warum können nicht alle Menschen nachts ihre Probleme gemeinsam lösen?

Antwort: Es gibt Seelen, die stecken noch in den Kinderschuhen. Sie schwimmen im Geschehen mit, aber sind noch nicht in der Lage, über ihr eigenes Leben hinauszudenken. Für sie ist eine solche Art geistiger Schulung zu früh. Dann gibt es die Seelen, die grundsätzlich keine Hilfe und keinen Rat annehmen. Die muß man auch in Ruhe reifen lassen. Darüber hinaus gibt es Wesen einer anderen Spezies, die aus einem Angstmuster heraus nicht in der Lage sind, kollektiv zu denken. Hier richtet sich alles auf die Sicherung des eigenen Lebens. Es geht ihnen nicht um einen Ausgleich der Menschen untereinander, sondern hier überwiegt ein Machtmuster. Diese Menschen waren bisher auch keine Anwärter für die Schule der Weisheit. Ihre Eingebungen und Anweisungen kommen aus einer dunklen Seite, die aber im Moment immer mehr an Anziehung verliert. Diese Menschen erleben im Augenblick eine starke Verunsicherung. Dank ihrer Intelligenz und ihres langen Seelenweges sind sie potentielle Anwärter für unsere Weisheitsschule, und wir bauen ihnen derzeit viele Brücken.

Frage: Also nochmals, es gibt keinen persönlichen Weisheitsengel der einen Menschen führt?

Antwort: Nein, sieh uns wie Betreuer, die dir helfen, ein bestimmtes Problem zu lösen. Verändern sich die Problemlagen bei dir, verändern sich auch die Engel, die dir bestimmte Orte des Lernens zuweisen und euch Hilfestellungen zur Selbstlösung eurer Probleme bieten.

Wir kommen jetzt zu einer Erklärung deines Bildes:

Der dominanteste Teil des Bildes ist der blaue Kopf, der über dem lesenden gelben Engel erscheint. Es ist das Portrait eines Lehrers und Meisters der blauen Rasse, einer menschlichen Spezies in einem anderen Teil und einer anderen Dimension eurer Galaxis. Er lehrt kosmische Mathematik, die weit über die euch bekannte Mathematik hinausgeht. Diese Mathematik umfaßt weitere Dimensionen und ist die Grundlage für die Technologie dieser höher entwickelten Spezies.

In den geistigen Schulungszentren, die ihr nachts aufsuchen könnt, ist es üblich, ähnlich wie an euren Hochschulen, Lehrer und Dozenten anderer kosmischer Schulungszentren, die es überall im Universum gibt, auszutauschen. Stellen sich besondere Fragen, werden Spezialisten anderer Planetensysteme eingeladen.

Der blaue Meister ist ein solcher intergalaktischer Lehrer. Während eines nächtlichen Schulungsaufenthaltes hattest du die Gelegenheit, eine solche »Gastvorlesung« bei ihm zu hören. Offensichtlich hat er dich tief beeindruckt und zu diesem Bild inspiriert. Ihr habt eine Verbindung auf der Seelenebene, und er hat dieses Bild autorisiert, sonst wäre dir diese Übertragung nicht möglich gewesen. Dieses Bild nimmt unter deinen Engelbildern eine Sonderstellung ein und ist eine Botschaft für all jene Seelen auf eurem Planeten, die entweder einst selbst aus der fortgeschrittenen blauen Rasse als Helfer hier auf Erden inkarnierten, oder deren Entwicklung weit genug ist, diese Schwingung lauterer Liebe und Weisheit zu empfangen.

Das Primzahlenkreuz im oberen Teil des Bildes ist ein Symbol zur Verschlüsselung eurer physisch erlebbaren Dimension. In diesem Bild bist du bis an die Grenzen des künstlerisch Möglichen gegangen, um das umzusetzen, was du in einer anderen Schwingungsebene an Wissen erhalten hast. Wir möchten deshalb auch keine weiteren Erklärungen zu den Symbolen liefern, sondern laden den Betrachter ein, das Bild auf sich wirken zu lassen. Es belebt eure Gehirnzellen und lüftet euren festgefahrenen Verstand aus. Betrachtet dieses Bild bitte dann, wenn ihr euch in den Gesetzen der Erde wie eingemauert fühlt.

Bedenkt, welch wunderbare Wesen euch immer wieder besuchen, die ihr Wissen, ihr Wohlwollen und ihre Liebe mit euch teilen wollen.

Immer wieder macht ihr den Fehler, die Schwierigkeiten eurer Dimension wie einen Kampf mit dem vielköpfigen Drachen anzugehen. Kaum habt ihr ein Problem erledigt, taucht schon das nächste auf, solange bis der Kampf euch ermüdet und ihr dann innerlich verzweifelt um Hilfe ruft. Besser wäre es, ihr würdet ruhig in eurer Mitte verharren, den Blick in euer inneres Licht gerichtet, und der sogenannte Problemdrache würde sich wie eine Wolke auflösen.

Ihr seid auf dieser irdischen Schulungsebene nur, um Frieden, Freude und Liebe zu verteilen. Die sogenannten Probleme sind Schattenbilder, die nichts mit eurer Wirklichkeit zu tun haben. Da aber Millionen von Menschen so tun, als ob diese Schattenbilder Realität wären, und sie ihre Handlungen danach ausrichten, wird es für einen einzelnen immer schwerer, an die absolute Wahrheit seines eigenen Lichtes zu glauben und darauf zu vertrauen, daß in diesem eigenen Licht die Lösung für alle äußeren Lebensumstände liegt.

An die Kraft des inneren Herzenslichts zu glauben, ist die Herausforderung eurer Zeit. Die nächtlichen Schulungen führen euch mit Gleichgesinnten zusammen. Im Zusammenschluß eures Lichts können großartige neue Ideen für die Menschheit geboren werden.

Symbol des gelben Strahls

Das Symbol, mit dem ihr uns erreichen könnt, ist ein gelber strahlender Kreis wie eine Sonne, eingebettet in einem himmelblauen runden Feld. Ihr könnt das blaue Feld auch als Tunnel sehen, in welchem ihr euch auf die gelbe Sonne zubewegt. Ein alternatives Symbol ist die weit geöffnete gelbe Lilie, die ihr auf dem Bild zwischen den violetten Löwen seht. Diese Lilie drückt die Ruhe im Gleichgewicht zwischen den verschiedenen Mächten aus.

Wir wollen euch jetzt erklären, wie sich das gelbe Licht auf eure Körperfunktionen auswirkt: So, wie du durch den gelben Weisheitsstrahl des Nachts alles sortierst, aussonderst und neu bewertest, was dir hier auf Erden widerfährt, so wie du deine Lebenserfahrung in den Weisheitsschulen neu und höher ausrichten kannst, in solcher Art spiegelt sich das Geschehen in deinem Körper in dem Bereich, der vom gelben Licht beeinflußt wird.

Ein Teil des Magens, der Leber, des Zwölffingerdarms, der Bauchspeicheldrüse, der Galle, der Nieren und ein Teil des Dünndarms drücken die Aufgaben des gelben Strahls auf der körperlichen Ebene aus. Du siehst, wie viele lebensnotwendige Organe im Bereich des gelben Lichts schwingen. So viele dir unbewußte Aufgaben werden hier im Körper erledigt. So, wie ein Teil deines Seelenbewußtseins Nacht für Nacht die Erfahrungen der Erde für sich klärt und weiterentwickelt, so verdauen und klären auch diese Organe alles Stoffliche, was ihnen zugeführt wird.

In diesem Bereich befindet sich auch das Nervengeflecht des Solarplexus', mit dem ihr höchst sensibel auf die Schwingungen der Umwelt reagiert. Den Solarplexus solltet ihr euch wie eine Sonne des Körpers vorstellen, eine Quelle des Vitalen für all diese Organe. Der Solarplexus ist eine der wichtigsten Speicherquellen für das Chi, die vitale Lebenskraft, die für euer Wohlbefinden und für makellose Verdauungsvorgänge von unbedingter Wichtigkeit ist.

Bei sehr vielen Menschen ist der Bereich des Solarplexus' dauerhaft gestört. Die Folge ist eine schlechte Verdauung, die Nährstoffe aus der Nahrung werden nur mangelhaft absorbiert, und die Menschen fühlen sich matt und abgeschlagen. Sie versuchen durch Süßes und Reizstoffe wie Kaffee und anderes dieses Gefühl des Energiemangels auszugleichen. Aber das Problem wird damit nicht behoben.

Stellt euch öfter am Tag vor, wie eine starke gelbe und wärmende Sonne diesen Bereich durchstrahlt. Wenn dieses Sonnenfeuer bei euch ungestört strahlt, sollte euch auch eure Ernährung nicht mehr soviel Gedanken machen. Grundsätzlich seid ihr in der Lage mit jeder Ernährung fertig zu werden. Denn in diesem gelben Licht steht euch eine unermeßliche Intelligenz zur Verfügung, die jede Art von Materie zergliedert, assimilieren oder ausleiten kann, je nachdem, ob euer Körper etwas benötigt oder nicht.

Wenn ihr mit dieser Sonne im Einklang seid, könnt ihr nichts Falsches essen. Sie erhält euch grundsätzlich immer gesund. Was euch von ihrer Strahlkraft trennt, sind Gedanken der Angst oder Abwehr. Da ihr Menschen so miteinander verbunden seid, überträgt sich die Angst und Abwehr eines Mitmenschen auf euch. Ihr vertraut nicht mehr dem Leben, sondern schnürt euch ängstlich ab. Die gute Funktion eurer Verdauungsorgane hängt also grundsätzlich von eurem Lebensvertrauen ab. Lebensvertrauen öffnet die Kanäle für das gelbe Licht weit, und körperliches Wohlbefinden ist die Folge.

Die Rückseite eures Körpers könntest du mit der Nachtseite vergleichen. Hier schimmert das gelbe Licht blasser. Es ist sozusagen die Mondseite. So wie der Mond die Gewässer dieser Erde beeinflußt, so wirkt dieses blasse gelbe Licht auf die Nieren, die mit dem Wasser alles Schädliche und Überflüssige ausleiten. Der Mond wird mit der Gefühlsnatur des Menschen assoziiert, und so haben die Gefühle auch einen großen Einfluß auf die Nieren. So, wie ihr jedes negative Gefühl aus eurem Denken ausscheiden solltet, so müssen auch die Nieren alles Belastende ausarbeiten

Nicht bewältigte negative Gefühle wie Groll und Ärger können sich als Nierensteine zeigen. Ihr habt alle körpereigenen Möglichkeiten, solche Steine wieder aufzulösen, wenn ihr vorher das negative Gefühl aufgelöst habt.

Wenn ihr grundsätzliches Vertrauen in die göttliche Weisheit entwickelt, also ein absolutes Lebensvertrauen ausstrahlt, wird sich das in einem leistungsfähigen Körper widerspiegeln.

Jede negative Emotion sollte euch ein warnender Hinweis sein, daß ein Störfeld euch daran hindert, im lebendigen Fluß des Chi bzw. eures eigenen Sonnenfeldes zu sein, und ihr solltet euch sofort gedanklich auf eure strahlende gelbe Sonne über dem Solarplexus einschwingen. Die Engel der Weisheit stehen euch dabei zur Seite.

Der gelbe Geburtsstrahl im Juli

Ähnlich wie bei den Menschen des rosa-goldenen Strahls, geht es oft auch bei den Menschen des gelben Strahls, die im Juli geboren sind, um die Aufarbeitung eines Traumas. Während es im rosa-goldenen Strahl eher um eine Heilung auf der Emotionalebene geht, sind die Menschen im gelben Strahl darum bemüht, Vergangenes intellektuell zu verstehen. Die Erfahrung ihrer Seele wird ihnen oft als zu bewältigende Aufgabe in Form eines traumatischen Ereignisses in ihrer Kindheit noch einmal auferlegt. Sie brauchen viele Jahre ihres Lebens zur inneren Bewältigung und zur intellektuellen Aufarbeitung, die für sie äußerst wichtig ist.

Dieses innere Durcharbeiten ist kräftezehrend und verlangt ihnen viel ab, daher haben sie zum Ausgleich oft ruhige und saturierte Lebensbedingungen. Das schlimmste, was ihnen passieren kann, ist, wenn sie wie unter einer Art Schockstarre die gleichen Lebensmuster immer wiederholen.

Wir Engel des gelben Strahls stehen bereit, sie nachts an Orte des Lernens zu führen, wo ihnen die Möglichkeit geboten wird, in die Akashachronik zu blicken, um auf die Ereignisse ihres Lebens einen tieferen Blick werfen zu können und ein Verständnis für die multidimensionalen Bezüge eines Ereignisses zu bekommen, die ihnen auf der physischen Ebene einen Schock zugefügt haben.

Was man während eines Lebens unter dem gelben Strahl auf alle Fälle lernen kann, ist bei Ereignissen hinter die Oberfläche zu schauen, um die Wirkkräfte dahinter zu verstehen. Der gelbe Strahl untersteht dem Wasserelement, und Wasser kann für die Menschen im siebten Strahl auch besonders heilsam und wirkungsvoll sein.

Das Weibliche, das Lunare und das Wasserelement hilft ihnen sehr dabei, sich wohlzufühlen und sich trotz aller traumatischer Belastungen in die Lebensprozesse einzuschwingen. Oft spielt auch die Musik eine große Rolle für sie und kann mangelnde Spiritualität ersetzen. Sie suchen Harmonie und Häuslichkeit, um ihre inneren Schwierigkeiten zu überwinden. Es ist für sie sehr wichtig, Sachverhalte intellektuell zu verstehen, und wer oder was ihnen dabei hilft, hat bei ihnen einen hohen Stellenwert. Hier ist aber auch eine gewisse Gefahr. Sie folgen dann wissenschaftlichen, psychologischen, philosophischen oder auch manchmal esoterischen Denkschienen, mit denen sie glauben, alle ihre inneren Probleme lösen zu können. Damit können sie vor einer wirklichen Aufarbeitung ihrer Probleme flüchten. Wir Engel des gelben Strahls würden sie so gerne darin unterstützen, ihre individuellen Situationen zu verstehen und sich dadurch von der Vergangenheit zu befreien.

Ideal für sie wäre eine Meditationspraxis bei Nacht am Wasser und bei Mondlicht, die sie bewußt mit dem Wunsch verbinden sollten, mit unserer Hilfe die Vergangenheit zu klären.

Die orangeroten Engel der Freude

Wir sind die Urkraft der Schöpfung, wir sind die jubelnde Flammenschrift hinter den äußeren Schöpfungen. Ihr nennt uns Engel der Freude. Freude ist Schöpfung, und Schöpfung ist Freude. Ruhe wirst du in uns nicht finden, aber Dynamik und Energie. Wir sind wie Buchstaben oder Formeln, die in immer neuen Formen die Schöpfung vorwärtstreiben. Wir sind die erste Emanation der göttlichen Idee. Wenn du in die Protuberanzen der Sonne blickst, so ist dies ein Gleichnis für unser Wirken. Für den Verstand der Erdenmenschen sind wir so wenig zu fassen wie die ewig sich verändernden Flammen.

Dein Körper spiegelt den orangeroten Strahl etwas unterhalb des Nabels wider. Die Geschlechtsdrüsen, Lust, Ekstase, Freude, Empfängnis der göttlichen Idee des Menschen und ihre Geburt werden vom Einströmen dieses Lichts gesteuert. Bedingungslos drücken wir die schöpferische Idee aus, in völligem Gehorsam den göttlichen Gesetzen gegenüber. Freude entsteht durch das bedingungslose Annehmen des Lebens. Maße dir nie ein Urteil über die göttliche Schöpfung an, damit verdunkelst du das Licht, das wir dir zustrahlen.

Erforsche den Punkt des Einströmens dieses Lichts in deinem Körper. Er sollte sich auf einer gedachten Mittellinie direkt unter deinem Nabel befinden und nicht nach links oder rechts verschoben sein. Dies würde auf ein Ungleichgewicht in dir schließen lassen. Solltest du feststellen, daß das Licht zu weit rechts einströmt, so läßt das auf eine zu starke Kontrolle deiner schöpferischen Impulse schließen. Gesellschaftliche Konventionen deformieren noch zu stark deinen Schöpfungsimpuls. Nach links verschoben deutet das auf eine Schwäche in der Umsetzung schöpferischer Impulse hin. Bitte dein **ICH BIN** in einem innigen Gebet um die optimale Ausrichtung deines orangeroten Strahls.

Wir sind die Quelle des Lebens und arbeiten deshalb mit den Engeln des grünen Strahls zusammen, die euch näher stehen und die ihr eher begreifen könnt, denn sie sind die Planer eurer biologischen Umwelt. Noch bedarf eure Ernährung der Informationen des grünen Strahls, und erst im Darm wird die Energie freigesetzt, die hinter dem grünen Strahl steht. Aber es wird der Tag kommen, an dem ihr euch durch bedingungslose Liebe zur Schöpfung so gereinigt habt, daß unser Licht euch auf direktem Weg nährt. Ihr werdet keinerlei Hunger mehr verspüren und immer ein angenehmes Gefühl der Sättigung haben. Im Licht ist jede Information enthalten, die euer Körper braucht. Ihr werdet euch dann geborgen fühlen und frei von Ängsten sein. Der Weg zur Lichtnahrung führt auch über eine Reinigung des Nabelchakras. Ihr werdet dann die Informationen des grünen Strahls nicht mehr über euer Verdauungssystem

DER ACHTE STRAHL:
Die orangeroten Engel der Freude

Das Auge Gottes
Symbol des Engels des orange-roten Strahls

aufnehmen müssen (denn dieses ist eine Art Gehirn), sondern durch Empathie und Einfühlung mit den Pflanzen und Tieren eurer Umwelt.

Das Symbol, mit dem ihr uns erreichen könnt, ist die Sonne mit dem Auge Gottes als Mittelpunkt. Die Sonne ist Empfängerin kosmischer Impulse, die sie rhythmisch und moduliert an ihr Planetensystem weitergibt. Unsere Lichtfarben sind orangerot, gemischt mit violett und gold.

Unsere Freude unterscheidet sich von dem, was ihr gemeinhin unter Freude versteht: Ausgelassenheit, Genuß, Lachen, Fröhlichkeit sind unbestritten erfreuliche, menschliche Gemütszustände, aber die Frequenz göttlicher Freude ist ein Schwingungszustand, der jenseits dieser Befindlichkeiten liegt.

Wir sind im Zentrum eures Planetensystems tätig, das eure Augen als Sonne, als strahlenden Mittelpunkt erkennen. Eure Vorstellung von der Sonne ist durch physikalische Betrachtungen geprägt, und ihr könnt euch nicht vorstellen, daß Wesen existieren, die von diesem zentralen Punkt das Geschehen im gesamten Feld eures Sonnensystems überwachen. Der strahlende Glanz der Sonne ist nur das, was sich eurem Auge vermittelt.

In einer anderen Dimension ist die Sonne ein Reich von überirdischer Schönheit. Das Reich der Sonne ist in ständiger Verbindung mit anderen Bereichen des Kosmos'. Mit Sonden oder Raumschiffen werdet ihr nie in der Lage sein, die Wahrheit der Sonne zu ergründen. Ihre Wahrheit zu erfassen, würde euch eher in einer tiefen Meditation gelingen.

Wir empfangen die Schöpfungsworte und Weisungen und geben sie an das Sonnensystem weiter. In der Sonne tagt der Rat der Vierundzwanzig. Diese Wesen sind ständig verbunden mit ihrem Gottselbst und leiten die Geschicke dieses Sonnensystems. Die Engelorden und die Engel der verschiedenen Farb-strahlen werden hier beauftragt und dienen von diesem Zentrum ausgehend. Wir Engel des orangeroten Strahls sind für die Weitergabe und Koordinierung der Anweisungen des weisen Rates der Vierundzwanzig zuständig. Wir über-mitteln die Beschlüsse und tragen die Visionen und Ideen zu den Engelfürsten, in deren Aufgabenbereich sie fallen. Da wir ständig die Träger göttlicher Schöp-fungsworte aus der Quelle sind, werden wir auch als Engel der Freude bezeich-net. Wir sind der göttlichen Quelle sehr nahe und dürfen immerfort den unend-lichen Schöpfungsworten lauschen.

Die Sonne ist aber nicht nur ein Ort ewiger Ausstrahlung, sondern auch ein Ort, an dem immer wieder das verzehrt und umgewandelt werden muß, was nicht dem reinen göttlichen Willen entsprochen hat. Ihr wißt, daß die Sonne zyklisch ein Ort erhöhter Tätigkeit ist. Sonnenprotuberanzen, Sonnenflecken und Teilchenstürme sind der für eure Augen sichtbare Teil dieser Reinigungsarbeit. Die Teilchenströme (auch Sonnenplasma), die von der Sonne abgestrahlt werden, kehren wieder zu ihr zurück und werden zyklisch durch erhöhte Aktivität gereinigt und umgewandelt. Das hat nichts mit Höllenfeuer zu tun, sondern gleicht eher einem befreienden Bad.

All eure Planeten, ob fest oder plasmisch, sind von Wesen bewohnt, die in einem vorgesehenen Schwingungsbereich eine bestimmte Entwicklung durch-machen. Auf den jeweiligen Planeten können besondere Aspekte des Göttlichen studiert werden. Ihr lebt auf einem Planeten von biologischer Vielfalt. Solche Planeten sind in den vielen Sonnensystemen, die es gibt, nicht sehr häufig. Es ist für dieses Sonnensystem etwas Besonderes, einen biologischen Schulungs-planeten zu haben, und es ist auch etwas Besonderes, auf einem solchen Schu-lungsplaneten leben zu dürfen.

Im allgemeinen macht ihr euch auch eine falsche Vorstellung über die Aus-dehnung der Sonne. Die Sonne umfaßt den ganzen Bereich eures Planeten-systems. Ihr lebt sozusagen in der Sonne, ohne es zu merken. Der leuchtende und strahlende Teil ist nur der innere Bereich dieses solaren Gebildes, das sich bis zu den äußersten Planeten erstreckt. Die Planeten sind in diesen Sonnen-körper eingebettet.

Wir Engel des orangeroten Strahls erzeugen ein Feld von Verdichtung. In eurem Körper gibt es drei Zentren, die die drei wichtigsten Kräfte im Universum abbilden. Das elektrische Feld am Kopf, das magnetische Feld im Herzzentrum und die Schwerkraft an eurem Sexualzentrum. Hier, wo physisches Leben wei-tergegeben werden kann, ist auch der Ort starker Kräfte und der größten Verdich-tung. Das eigentliche Feld eures individuellen Ausdrucks ist aber das elektro-magnetische Feld. Kopf und Herz sind eigentlich eine elektromagnetische

Einheit, und die Schwerkraft ist nur eine abgeleitete Kraft aus diesem Feld. Ohne diese Schwerkraft und Verdichtung wäre aber kein biologisches Leben auf dieser Erde möglich.

Auf dem Bild siehst du uns Engel des orangeroten Strahls um einen Zehnstern gruppiert. Zehn ist die Zahl der irdischen Manifestation. Auf dem Bild sind wir verbunden und eingehüllt durch ein feuerähnliches Flammenband, mit dem auch die Grenze markiert wird zwischen der inneren Welt der Kräfte und göttlichen Gesetze und der äußeren Welt, die du auf deinem Bild als den Bereich der vegetabilen Formen gekennzeichnet hast, also jenen Bereich, für den die Engel des grünen Strahls zuständig sind. Ähnlich wie bei den Engeln des goldenen Strahls, entzieht sich unsere Tätigkeit eurem Vorstellungsvermögen. So wie ihr Sexualität erlebt, ohne wirklich mit den Geheimnissen dieser Kraft und ihrem schöpferischen Potential vertraut zu sein, so könnt ihr auch unser Wirken nur mittelbar erfahren.

Im August ist die Einstrahlung des orangeroten Lichts am stärksten, und wenn ihr den Eindruck habt, diesen Strahl besser verstehen zu sollen oder ihr dieses Licht bei euch verstärken wollt, raten wir euch besonders im August mit geschlossenen Augen in der Sonne zu meditieren. Am besten am frühen Morgen bei Sonnenaufgang. Ihr könnt dann tiefer in die Dimensionen des orangeroten Strahls eindringen und euch die erneuernden Kräfte, die in diesem Licht sind, zunutze machen.

Da der orangerote Strahl eng mit eurer Sexualität verbunden ist und mit unserem Strahl immer wieder schwarzmagischer Mißbrauch betrieben wurde, hat er für viele von euch auf der Seelenebene bzw. in eurem feinstofflichen Bewußtsein eine negative Erfahrungskomponente. Wir bitten euch sehr, diese oft sehr tiefsitzenden Ängste und Abwehrhaltungen gegenüber dem orangeroten Strahl loszulassen, denn eine Abwehr gegenüber einer Facette des göttlichen Lichts behindert euer geistiges Wachstum. Viele von euch haben in atlantischer Zeit miterleben müssen, wie die Kräfte dieses Strahls mittels einer auf Kristallen aufbauenden Technik in Verbindung mit sexualmagischen Praktiken für Zerstörungen ungeheuren Ausmaßes mißbraucht wurden. Obwohl ihr Opfer dieses Mißbrauchs geworden seid, habt ihr ein Schuldgefühl und latente Ängste, euch mit den Energien dieses Strahls näher zu befassen.

Das Wirken Gottes ist im orangeroten Strahl genauso vollkommen wie in allen anderen Farbstrahlen, und ihr dürft nicht diesen Strahl für den Mißbrauch verantwortlich machen, der mit ihm getrieben wurde. In diesem Strahl ruht eine Kraft, mit der im wahrsten Sinne des Wortes Berge versetzt werden können. Es ist deshalb wichtig für euch alle, ein geklärtes Verhältnis zum orangeroten Licht zu haben, um damit kraftvoll eure positiven Ideen verwirklichen zu können. Wir warten auf eure Einladung, um euch ins orangerote Licht zu führen und euch mit seinen positiven Möglichkeiten vertraut zu machen.

Jeder Gedanke, den ihr mit dem orangeroten Licht verbindet, wird sich schneller und kraftvoller verwirklichen. Denkt aber bitte an die atlantischen Fehler und kleidet nur aufbauende Gedanken in das orangerote Licht. Die Erde ist heute im Gegensatz zur atlantischen Zeit auf einem Schwingungsniveau geistiger Expansion, bei der eine negative Zielsetzung in Verbindung mit dem orangeroten Licht eine sofortige negative Folge für den Verursacher zur Folge hat.

Der orange-rote Geburtsstrahl im August

Viele von euch, insbesondere die Menschen, die unter dem orangeroten Strahl im August geboren sind, leiden häufig unter sehr tiefsitzenden Ängsten, die verbunden sind mit Vorstellungen über Zerstörungen in ihrer Umwelt oder dem Zusammenbruch ihres Lebens. So, wie die Menschen, die unter unserem Strahl geboren sind, in ihrem äußeren Wesen die kraftvollen Aspekte unseres Strahls verkörpern und widerspiegeln, so oft sind sie aber auch in ihrem inneren seelischen Bereich von Ängsten gequält. Sehr oft laufen tief in ihrem Inneren Szenen von Zerstörung und Verlust ab, während sie außen die Rolle des Jovialen und Lebensfrohen geben.

Menschen, die im August geboren sind, sollten deshalb zum einen mit uns Engeln zusammenarbeiten, zum anderen wäre es gut für sie, sich ehrenamtlich oder finanziell für Menschen zu engagieren, die Opfer von Zerstörungen, Erdbeben, Überschwemmungen oder ähnlichem geworden sind. Auf diese Weise würden sie sich selbst helfen.

Menschen, die unter unserem Strahl geboren sind, wirken auf ihre Umgebung kraftvoll, bestimmend und oft überlegen. Das bringt sie immer wieder in Situationen, in denen man ihnen eine Führungsrolle zuschiebt, die sie sehr häufig nur bedingt erfüllen können. Der orangerote Strahl verleiht seine Stärke nur dem, der sich ihm bedingungslos hingeben kann.

Wenn innere Ängste den Fluß dieses Strahls blockieren, dann erweist sich die vermeintliche Führungspersönlichkeit als psychisch nicht belastbar. Wenn sie sich aber ihren Ängsten stellen und sich ihrer sozialen Verantwortung bewußt werden, dann gehören sie zu denjenigen, die am kraftvollsten das Positive manifestieren können. Sie können Pioniere sein und Unglaubliches leisten, wenn sie sich bereinigt und Vertrauen in ihre eigene Manifestationskraft gewonnen haben.

Als Partner eines Menschen des orange-roten Strahls sollte man sich darüber klar sein, daß hinter der Fassade von Lebenskraft und Stärke oft eine verängstigte und verletzliche Persönlichkeit steht. Der August-Mensch sucht deshalb unterbewußt nach einem Partner mit innerer Stärke, der ihm im emotionalen wie im materiellen Bereich Sicherheiten bietet.

Die rubinrot-goldenen Engel der Vergebung

Der September ist der Monat mit dem rubinrot-goldenen Strahl der Vergebung. Befreie dich in diesem Monat bewußt von allen Verurteilungen anderer Menschen gegenüber.

Die Einstrahlung des rubinrot-goldenen Strahls ist am Basischakra. Diese Einstrahlung liegt etwa in der Mitte deines Körpers. Von hier aus verbindest du dich auch mit der Erdfrequenz. Es ist ein tiefer G-Ton. Mit dem Basischakra seid ihr mit der Erde und ihren Prozessen verbunden. Es ist so wichtig, mit allen Wesen auf dieser Erde in einem Gleichgewichtszustand zu sein. Jede Verurteilung oder Verletzung eines anderen, auch eines Tieres oder einer Pflanze, aber auch jede Verletzung, die ihr selbst erfahren habt und als eine solche akzeptiert, bringt euch gegenüber dieser Erdfrequenz aus dem Gleichgewicht.

Wenn der rubinrot-goldene Strahl sich bei euch in seiner Wirkung ungehindert entfalten soll, muß vorher ein tiefes Loslassen aller eurer ungeklärten und nicht vergebenen Beziehungen erfolgt sein. Der rubinrot-goldene Strahl untersteht dem Wasserelement. So, wie ihr auf mentaler und emotionaler Ebene durch den neunten Strahl Vergebung und Loslassen erreichen könnt, so hat dieser Strahl im Körperbereich dort seine Entsprechung, wo Schlacken und Flüssigkeiten losgelassen und damit dem Erdelement übergeben werden.

Organische Beschwerden in diesem Bereich haben oft ihre Entsprechung zu sehr alten, verdrängten, unvergebenen und nie wieder angeschauten Situationen. Wenn ihr also Probleme mit Blase oder Enddarm habt, dann müßt ihr nach euren Verdrängungen graben, sie euch anschauen, um Vergebung bitten und loslassen. Bei diesem Prozeß können wir Engel des rubinrot-goldenen Strahls euch helfen.

Ein Problem, das oft hinter euren Verdrängungen steckt, ist, daß ihr die Grenzen eurer eigenen Persönlichkeit nicht kennt und daher die Grenzüberschreitungen anderer, die euch zu nahe kommen, noch nicht mal bemerkt. Eure äußere Persönlichkeit erfindet für das Verhalten der anderen Entschuldigungsgründe, während euer inneres Wesen solche Handlungen sehr wohl als Verletzungen registriert. Hier ist unser Zusammenspiel mit den Engeln der Liebe wichtig, denn ihr müßt lernen, euch bedingungslos selbst anzunehmen. Ihr müßt lernen, bedingungslos zu euch selbst zu stehen, auch dann, wenn das eurer Umgebung nicht paßt. Aus einer unbewußten Opferrolle kann leicht Groll entstehen, und Probleme in diesem Bereich sollten euch aufmerken lassen.

DER NEUNTE STRAHL:
Die rubinrot-goldenen Engel der Vergebung

Wir Engel des rubinrot-goldenen Strahles repräsentieren die irdische Analogie oder Widerspiegelung der göttlichen Herrschaft und stimmen sie auf die Erdfrequenz ein.

So wie in der Sphäre der Engel ein müheloses und inspiriertes Miteinander-Schaffen und Weben an der Schöpfung stattfindet, so sollte es auch hier auf Erden unter den Menschen sein.

Egal wie verletzend Menschen sich euch gegenüber verhalten, haltet in Gedanken immer fest, daß sich der göttliche Plan auf Erden verwirklicht. Unterbrecht nicht für euch dieses göttliche Wirken durch eigenmächtige Gedanken und Verurteilungen, sondern haltet in jeder Situation folgenden Gedanken fest:
»ICH BIN der göttliche Plan hier auf Erden.«

Wir arbeiten in inniger Verbindung mit den Engeln der Liebe. Die meisten Menschen stoßen sehr schnell an die Grenzen der Liebe, da die menschlichen Verhältnisse in ihrer Willkür oft von Egoismen, Mißverständnissen, Gleichgültigkeiten, Ungerechtigkeiten und Härten geprägt sind.

Stellt euch die Liebe wie einen mächtigen Fluß von Elektronenenergie vor, die von Herz zu Herzzentrum strömt. Sie ist eine Energie von unermeßlicher Vereinigungskraft. Die Intention der Liebe ist: **Einheit.** Die Liebe will immer in Resonanz kommen mit dem Fluß der Liebe in anderen Wesen. Der Bach, der zu Tal strömt, ist ein guter Vergleich, er will sich mit anderen Wasserläufen zu einem Strom vereinigen. Jedes Hindernis, das sich ihm in den Weg stellt, umfließt er. Kein Stein ist zu hart, kein Fels zu hoch; das Wasser findet seinen Weg, um dann als breiter Fluß dem Meer entgegenzuströmen.

Das gleiche will die Liebe, die aus eurem Herzzentrum strömt. Ihr sucht Einheit und Resonanz mit anderen Wesen durch Freundlichkeit, Zärtlichkeit, Langmut und Hilfsbereitschaft. Jede positive Bewegung auf ein anderes Wesen zu ist der Versuch, mit eurer Liebesschwingung in Resonanz zu einer ähnlichen Schwingung zu kommen. Manchmal gelingt es, und dann fühlt ihr euch erhoben; ein freundliches Wort fand seinen Widerhall, eine gute Tat wurde mit Dankbarkeit belohnt, eure Hingabe an eine Arbeit fand aufnahmebereite Menschen und so fühltet ihr euch verbunden und im Takt mit dem Universum.

Wäre dieser Zustand immer und überall, so wäre der Himmel jetzt und hier unter den Menschen. Aber oft ist eure Alltagserfahrung von Zurückweisung und Kälte geprägt. Statt eines Austausches von Liebesenergien spürt ihr die seelischen Panzerungen des anderen. Die Zurückweisung verletzt und verunsichert euch. Ihr beginnt an der Liebe und ihrem Fluß zu zweifeln. Der Zweifel baut eine subtile Barriere zwischen dem ewigen Fluß der Liebe und eurer inneren Wahrnehmung auf. So häuft sich im Leben vieler Menschen Enttäuschung auf Enttäuschung. Sie werden vorsichtig, vertrauen nur noch wenigen und schnüren sich durch diese Haltung selbst von ihrem eigenen Liebesstrom ab. Dieser Fluß der Liebe ist eure ursprüngliche Wahrheit, sie ist die Quelle in eurem Herzen.

Zu eurer Hilfe arbeitet deshalb immer der rubinrot-goldene Strahl der Vergebung mit dem Strahl der Liebe zusammen. Der Strahl der Vergebung drückt die Unbesiegbarkeit der Liebe aus. Für die Vergebung gibt es keine Hindernisse und keine Barrieren. Vergebung ist stärker als jede seelische Verletzung, stärker als jede Bosheit. Dieser Strahl hebt dich über jedes Hindernis, das zwischen dir und einem anderen aufgetürmt ist.

Hülle dich in das siegreich rubinrot-goldene Licht und enthülle dir selbst damit die Wahrheit, daß in Wirklichkeit nichts zwischen dir und dem anderen steht. Glaube und anerkenne nicht die Negativität eines anderen, denn in Wirklichkeit ist alles ein Gewebe aus Liebe. Im rubinrot-goldenen Licht erheben wir dich und zeigen dir die Wahrheit: Es ist nur euer gemeinsamer Glaube und die Anerkennung des Negativen als Wirklichkeit, die die Barriere zwischen euch erzeugt.

Auf dem Bild sieht man, wie die Liebe gleich einem Wasserstrahl den Menschen durchströmt. Statt auf die Quelle, auf das große Licht des **ICH BIN** zu blicken, blickst du auf das Zerrbild auf der Wasseroberfläche, auf der du dein wahres Bild und auch das wahre Bild des anderen nicht klar erkennen kannst.

In der Mitte des Dreiecks mit den Farbstrahlen ist das Bildnis des Christus', also des höheren Selbst eines jeden Menschen. Es befindet sich in der fünften Dimension, um von dort aus all die Erfahrungen zu koordinieren, die es in seinen verschiedenen Verkörperungen macht. Sind diese Erfahrungen abgeschlossen, so steigt auch das höhere Selbst weiter auf. Eine dieser Verkörperungen ist auch der Mensch in der kugelförmigen Hülle zwischen den zwei Engeln. Durch den

Symbol der Engel des rubinrot-goldenen Strahls

Gralskelch wird er emporgehoben. Unter ihm befindet sich das Wasser des Lebens, die ewig bewegte Sphäre der Veränderung. Wenn er seinen Blick nach unten richtet, sieht er sein Spiegelbild nur verzerrt im immer bewegten Wasser der Emotionen. Er kann die Wahrheit des Seins nur im Blick nach innen (Meditation) oder nach oben zum höheren Selbst erkennen. Dann halten ihn die Engel aufwärts zu seinem **ICH BIN** im Zentrum aller Farbstrahlen.

Wenn du dorthin blickst, wirst du wissen: Es gibt nichts zu vergeben. Wir sind die Engel, die deine Blickrichtung verändern. Von unten nach oben und von außen nach innen.

Unser Symbol, mit dem du uns rufen kannst, ist der Kelch.

Der rubinrot-goldene Geburtsstrahl im September

Menschen, die im Monat des rubinrot-goldenen Strahls geboren sind, sollten sich besonders mit dem Thema der Erdung und dem Thema Vergebung beschäftigen. Sie sollten nach einem Ausgleich mit allem Lebenden trachten und nach einem vorurteilsfreien Denken.

Das Thema des Räumlichen ist für diese Menschen sehr wichtig. Sie brauchen einen festen Platz und ein Heim, um ihr Potential entfalten zu können. Menschen, die unter der besonderen Obhut der rubinrot-goldenen Engel im Monat September inkarniert sind, haben meist Probleme mit der Erdung. Sie halten entweder angstvoll an materiellen Gütern fest oder haben überhaupt kein Verhältnis dazu. Die Ursache liegt fast immer in früheren Leben. Es müssen meist sehr tiefliegende Schmerzen und Verletzungen losgelassen werden. Wenn sich diese Menschen an uns wenden würden, können wir Hilfe und Heilung der alten Verletzungen bewirken.

Die September-Menschen verschanzen sich oft hinter einer intellektuellen Maske oder einer fixen Idee, die sie verfolgen. Hinter diesen Mauern sind diese Menschen oft mimosenhaft verletzlich. Sie haben Angst vor neuen Traumata.

Auch wenn sie sich äußerlich rational geben, haben sie tief in sich eine mystische Ader, die sie für sich pflegen, ohne die Außenwelt daran teilhaben zu lassen. Durch Erlebnisse in früheren Inkarnationen haben sie Ängste davor aufgebaut, tiefe innere spirituelle Überzeugungen in der Öffentlichkeit lautstark zu äußern. Sie schotten diesen wichtigen Bereich auch vor Personen ihrer nächsten Umgebung ab, und es ist ein Zeichen großen Vertrauens, wenn sie sich in dieser Hinsicht einem Menschen gegenüber öffnen. Es ist dann erstaunlich, wie viele mystische Erfahrungen sie haben und auch welches spirituelle Wissen sie besitzen, das sie wie eine kleine Schatzkammer in ihrem Inneren hüten.

Menschen unter unserem Strahl sind generell vorsichtig bis ängstlich, da sie in vergangenen Inkarnationen die Erfahrung machten, daß sie durch ihr (tapferes) Hervortreten, vielleicht für die falsche Sache oder zu einem falschen Zeitpunkt, körperliche Verletzungen oder soziale Ächtung erfahren haben. Bevor sie sich deshalb in diesem Leben für etwas entscheiden, werden alle Für und Wider erwogen, um keinen Fehler mehr zu begehen.

Unter unserem Strahl lernen die Septembergeborenen, wieder in den Fluß der Liebe zu kommen, spontane Herzensentscheidungen zu treffen und wieder in Kontakt mit ihren Gefühlen zu kommen. Wir lehren sie, wieder ungezwungen Entscheidungen zu treffen und dabei ihre Gefühle mit einzubeziehen. In ihrem Leben werden ihnen diesbezüglich immer Herausforderungen gestellt, bei denen sie lernen sollen, sich zu öffnen. Wenn du Partner eines Septembermenschen bist, solltest du ihm in dieser Hinsicht Hilfestellungen geben und ihn zu größerer Spontaneität ermuntern. Wichtig ist ein loyaler Partner, dem er vertraut und bei dem er üben kann, sich zu öffnen.

Die magentafarbenen Engel des Dienens

»Dienen« klingt in euren Ohren nicht sehr attraktiv. Es klingt danach, dem Willen anderer zu Diensten zu sein, es klingt nach Unterwürfigkeit, nach treusorgend und ein wenig devot.

Wir Engel des Dienens haben aber nicht die Aufgabe, euch zu einer unattraktiven Aufgabe zu verhelfen.

Wir sind dazu da, euch euren ganz bestimmten Platz, eure ureigene Aufgabe, die ihr als Seele übernehmen wolltet, zu zeigen. Eure spezifische Aufgabe zu finden heißt, dem Ganzen auf optimale Weise zu dienen. Der Grad eures Glücklichseins bei eurer Tätigkeit verrät euch, ob ihr diesen Platz schon gefunden habt. Wir stehen bereit, euch zu eurer Aufgabe zu führen, wenn ihr uns ruft.

Auf dem Bild siehst du einen Engel in einem Abstand zur Erde, wie er die Hand über die Erde führt und seinen Lichtstrahl über die Welt sendet. Wie bei einer Schachpartie können wir euch dorthin rücken, wo eure Anlagen und euer seelisches Wollen auf optimale Weise zum Ausdruck kommen.

Wir wissen, daß viele von euch in Berufen festsitzen, die ihnen sinnentleert erscheinen. Wir sehen, daß so viele Menschen ihr ureigenstes Potential nicht leben oder meinen, kein Recht auf Veränderung zu haben, sei es aus Angst vor dem Neuen oder aus Angst vor finanziellen Einbußen. Oft ist auch nur das dumpfe Gefühl da, eigentlich für etwas anderes geschaffen zu sein. Wendet euch dann bitte an uns, wir befreien euren tieferen Kern und führen euch zu eurer Seelenaufgabe.

Eure Seelenaufgabe ist immer das, was euch leicht und mühelos zufällt, es ist das, worin ihr eine natürliche Meisterschaft habt. Oft ist es euch so nahe und selbstverständlich, daß ihr es gar nicht als Fähigkeit erkennt. Professionelle Berufsberatung hilft euch hier nicht weiter, da sie gesellschaftlichen Klischees verhaftet bleibt.

Die neue Welt, die entstehen soll, fordert auch neue Berufe, besser gesagt Berufungen. Habt keine Angst, wir führen euch Schritt für Schritt sorgfältig und sachte in neue Gebiete, die eurem Wesen entsprechen.

Frage: Ihr sprecht von einer neuen Gesellschaft und neuen Berufen, wie soll ich mir das vorstellen?

Antwort: Die künftige Situation der Welt erfordert eine andere Naturnähe. Die Gesellschaft macht im Augenblick einen großen Lernprozeß mit, an dessen Ende eine Neuausrichtung stehen wird. Viele Menschen entschließen sich

DER ZEHNTE STRAHL:
Die magentafarbenen Engel des Dienens

schon jetzt freiwillig, diesen Weg zu gehen. In der zukünftigen Welt wird der das größte gesellschaftliche Ansehen genießen, der am wenigsten überflüssiger materieller Güter bedarf.

Viele Wertungen werden sich um hundertachtzig Grad drehen, denn je sorgfältiger eine Kultur mit Energie umgeht, und mit Energie meinen wir auch ihr materielles Äquivalent, desto entwickelter ist sie. Ein »Energieproblem« taucht dann in einer Gesellschaft auf, wenn Energie mißbraucht wird. Dann zum Beispiel, wenn sich Energie gegen andere Lebensformen richtet. In diesem Fall gibt es einen Rückkoppelungsmechanismus. Mißbraucht ein Wesen Energie in Form von sinnloser Zerstörung anderer Lebenswelten, tritt ein Schutzmechanismus in Kraft, und dieses Wesen bekommt weniger Energiezufuhr. Die »Höllenstrafe« ist nicht heiß, wie euch das kirchliche Exegeten erklären, sondern kalt und energiearm. Natürlich ist der ganze Kosmos mit Energie erfüllt, aber das Wesen, das Mißbrauch betreibt, schneidet sich selbst von dieser Energie ab. Auf diese Weise können ganze Völker in einen energielosen Zustand gelangen.

Auf der anderen Seite vermag ein geistig entwickelter Mensch, ein Meister oder Yogi zu jeder Zeit kosmische Energie für sich zu nutzen. Bei Berufen einer zukünftigen Menschheit wird daher ein anderes Forschen und Abwägen an erster Stelle stehen.

Schon jetzt könnt ihr euch mit unserer Hilfe in diese Zukunft hineinbegeben. Stell dir ein Orchester vor, bei dem die eine Hälfte der Musiker ein anderes Musikstück spielt als die zweite Hälfte. Zuerst klingt es nach Chaos bis nach und nach alle in die mitreißende Melodie einstimmen.

Wir sehen und fühlen deine Skepsis, aber da wir weiter blicken als du, wissen wir, daß Grund zum Optimismus besteht. Es gibt unzählige Einzelne, Gruppen und Projekte, die an einer neuen Welt feilen. Wer mit dabei sein will, der soll uns rufen.

Frage: Ich fühle bei euch so eine besondere Dynamik, hat dies mit eurer Aufgabe zu tun?

Antwort: Ja, diese Dynamik spiegelt sich auch in unseren Farben Magenta, gemischt mit Rot und etwas Violett.

Frage: Auf welche Weise soll man euch rufen?

Antwort: Im Namen meiner Gottgegenwart ICH BIN rufe ich jetzt einen Engel des magentafarbenen Strahls des Dienens in mein Leben, damit er mich zu dem Wirkungsbereich leitet, indem sich meine Anlagen

am besten entfalten und ich die Qualitäten einer neuen Gesellschaft am besten zum Ausdruck bringen kann.

Wie wir dir oben erklärten, vermitteln wir Engel des magentafarbenen Strahls dem Menschen seine spezifische Fähigkeit, dem Ganzen zu dienen.

Auch wenn dieses Dienen vielen Menschen scheinbar nur verworren gelingt, so sind doch alle auf dem Weg, ihr spezielles Dienen zu finden. Auch die Suche nach diesem Dienst ist das Streben, das äußere Selbst mit dem inneren Seelenklang in Übereinstimmung zu bringen. Dieser Prozeß durchläuft viele Stufen. Es gibt keinen Menschen, der nicht schon unbewußt am göttlichen Ganzen mitarbeitet, nur fehlt ihm oft noch das Bewußtsein für die Notwendigkeit seines Handelns.

Stell dir den Bau einer Kathedrale vor. Nicht jeder Steinmetz, der sich an einem Stein abmühte, hatte schon den Plan des Ganzen vor Augen. Je höher man aber in der Bauordnung (Leitung) rückte, desto mehr verstand man vom ganzen Plan und desto würdiger erschienen auch die Mühen jedes einzelnen. Je weiter sich ein Mensch entwickelt, desto mehr versteht er, was er tut und weshalb er an einer ganz bestimmten Stelle eingesetzt ist.

Die Hand, die den Lichtstrahl aussendet, ist das Symbol über das du uns erreichen kannst.

Die segnende Hand
Symbol der Engel des magentafarbenen Strahls

Der Monat Oktober eignet sich besonders, um sich aus festgefahrenen Situationen zu lösen, auch um das Bild, das man von sich selbst hat, loszulassen. Denkt daran, daß man sich kein Bild von Gott oder von seinem Nächsten machen soll.

Natürlich greift ihr immer wieder nach begrenzenden Bildern und Vorstellungen, aber jedes neue Bild sollte ein erweitertes Bild sein, in dem mehr Offenheit enthalten ist. Ihr seid mehrdimensionale Wesen, die langsam ihre begrenzenden Vorstellungen erweitern sollten. Wir Engel des Magentastrahls helfen euch, diese Grenzen zu öffnen.

Seht die Ereignisse, die euch der Monat Oktober bringt unter dem Aspekt der Grenzerweiterung, des Loslassens von Urteilen und Vorurteilen. Erst dann kann das Neue an euch herantreten durch die Engel des opalfarbenen Strahls, die euch im November die Hand reichen, in der das Neue liegt. *Erst durch die Entäußerung des Alten, kann das Neue durch die Engel des opalfarbenen Strahls gebracht werden.*

Der magentafarbene Geburtsstrahl im Oktober

Menschen, die unter unserer Strahlung im Oktober geboren sind, bedürfen unserer Führung und Hilfe im besonderen Maße. Sie haben oft das Gefühl, vom Ganzen abgeschnitten zu sein und sich ihr Leben erkämpfen zu müssen. Sie meinen, dieses Gefühl der Abgeschnittenheit durch hohe Anforderungen an sich selbst und durch Perfektion ausgleichen zu müssen. Sie glauben oft, nur durch Leistung vor ihren Mitmenschen bestehen zu können. Diese Anforderungen an sich selbst machen sie bisweilen unduldsam und hart im Urteil an ihren Mitmenschen.

Im magentafarbenen Strahl können sie sich von dieser irrigen Haltung befreien. Nach vielen unbefriedigenden Mühen entdecken sie, daß sie geliebte Geschwister sind, die um ihrer selbst Willen und nicht um ihrer Leistung willen dem Ganzen dienen.

Ihre Aufgabe ist, zu Spontaneität und Lebendigkeit zu finden, das anspruchsvolle Grübeln zu lassen und die Handlungen und Ziele anderer Menschen nicht mehr zu beurteilen. Ziele und Handlungen anderer können erst dann wirklich verstanden und eventuell auch korrigiert werden, wenn ihr einen Menschen mit göttlicher Intuition betrachten könnt.

Prinzipiell haben die Menschen unter dem magentafarbenen Strahl dazu eine besondere Befähigung, wenn sie lernen loszulassen und damit beginnen, ihre Mitmenschen liebevoll und aus einer distanzierten Position zu betrachten. Dann bekommen sie tiefe Einblicke in die Lebensaufgaben ihrer Mitmenschen, dann können sie aus innerster Intuition Ratschläge geben, die auch aufgegriffen werden, weil sie frei von jedem persönlichen Manipulationsversuch sind.

Wer in diesem Strahl geboren ist, hat nämlich das tiefe Verlangen seine Seelenaufgabe zu verwirklichen, und wir Engel dieses Strahls könnten dabei hilfreich sein, gerade weil für unsere Schützlinge so viele Hindernisse vor diesem Ziel aufgetürmt zu sein scheinen. Die Hindernisse sind aber in die Außenwelt projizierte Hindernisse, die in der eigenen Innenwelt ihren Ursprung haben. Die Quelle ist oft ein tiefsitzender Mangel an Selbstwertgefühl. Die nach außen gekehrte Persönlichkeit kann sich durchaus wertschätzen, aber die Bestrebungen und Wünsche der Seelenebene werden von der äußeren und im Leben stehenden Seite oft nur mangelhaft wahrgenommen und zugelassen.

Als Partner eines Oktobermenschen habt ihr die nicht einfache Aufgabe bei der archäologischen Suche nach diesen versteckten Seelenanteilen behilflich zu sein, denn in vielen Fällen sitzen die eigentlichen Begabungen des Oktobermenschen in diesen verdeckten Seelenschichten. Es kann deshalb lange dauern, bis ein Oktobermensch wirklich bereit ist, sich seiner Seelenaufgabe zu stellen.

Die opalfarbenen Engel der Transformation

Mit Beginn des Novembers endet langsam der Zyklus des geistigen Jahres. So wie alle Elektronen irgendwann wieder in die Sonne zur Reinigung und Neuausrichtung zurückgezogen werden, so werden auch eure Gedanken und Taten durch uns gewogen, bewertet und können durch unsere Hilfe eine Neuausrichtung erfahren. Wir Engel des opalisierenden Strahls sind die Sammler, Buchhalter, Ordner und Erneuerer.

Der November sollte ein Monat innerer Sammlung sein. Je mehr das Äußere zur Ruhe kommt, wie ihr es in der euch umgebenden Natur zu dieser Jahreszeit erlebt, desto aktiver ist die innere Tätigkeit. Die Sonneneinstrahlung auf der nördlichen Halbkugel ist jetzt schwächer und damit auch die Aktivitäten in eurem dreidimensionalen Realitätsrahmen. Auch in der Sonne selbst könnt ihr diesen Prozeß zyklisch, als Perioden der Tätigkeit und der Untätigkeit beobachten. Äußere Untätigkeit bedeutet erhöhte Tätigkeit im Inneren. Jetzt entstehen auf den inneren Ebenen die neuen Ideen als Antworten auf eure Erdenentwicklung.

Stell dir das wie eine große Konferenz vor. Die Entwicklungen werden erörtert, die Probleme und Möglichkeiten dargelegt. Auf Grundlage der jeweiligen Situation werden die neuen Ziele gesteckt im Zusammenhang mit der Entwicklung des solaren und kosmischen Geschehens.

In früheren Zeiten haben die Menschen diese lichtferne Zeit fast angstvoll empfunden und die Wiederkehr der Sonne mit Lichtfesten gefeiert. Diese Angst war genau so falsch wie die künstlich erzeugten Streßsituationen, die euch der Rummel der Vorweihnachtszeit beschert.

Viele Wesen, die nach Verlassen ihres physischen Körpers auf den inneren Ebenen nicht weiterkommen, weil sie kein Verständnis ihrer Situation haben, versuchen wir auf unserer Reise in die innere Lichtheimat soweit es möglich und nötig ist, mitzunehmen.

Eure Todesgedenkfeiern Anfang November und auch die Vorstellungen im Zusammenhang mit Halloween haben mit der Beobachtung sensitiver Menschen zu tun. Bei diesen Reinigungsprozessen der inneren Ebenen kann es zu so genannten Spuk- oder Lichterscheinungen kommen. Wir müssen manche Seele förmlich aus ihrer eigenen düsteren Weltvorstellung herausschälen, in der sie sich selbst gefangen hält. Manche Menschen können diese Energie dann als Lichtblitze wahrnehmen und deuten dies gemäß ihrer Glaubensvorstellung.

Dieser Reinigungsprozeß läuft auf der südlichen Halbkugel natürlich umgekehrt ab. Grundsätzlich ist die sonnenferne Zeit der Erde eine Phase der Besinnung und Reinigung auf den inneren Ebenen. Es ist auch eine Zeit des

Die Taube
Symbol der Engel des opalfarbenen Strahls

Bilanzierens und Neuausrichtens. Das Nicht-Erreichte schält sich klar heraus und wird als Aufgabe formuliert.

Am besten kannst du über das Lauschen in der Stille mit uns Verbindung aufnehmen oder auch durch das Schweigen, das du dir selbst auferlegst. Unser Symbol, mit dem du uns erreichen kannst, ist die zum Himmel strebende Taube. Wenn du in das Schweigen hineingehst oder auf das Schweigen der Natur im November achtest, können wir dich in den Bereich unserer Tätigkeit mit hineinnehmen, und du kannst für dich und andere wichtige und tiefgehende Botschaften empfangen.

Wir Engel der Transformation nehmen euch mit hinein in den tätigen Planungsbereich hinter eurer Lebensbühne. Eine Seele, der diese Transformation gelingt, kann die Geschehnisse auf der Lebensbühne richtig interpretieren. Es ist eine Ebene, aus der sinnvolle Ratschläge zu euren tiefliegenden Lebensmustern bezogen werden können. Wie bei einer Teppichweberei werden die Lebensmuster geprüft und Veränderungen vorgeschlagen. Das höhere Selbst eines Menschen wägt und prüft mit einem Engel des opalfarbenen Strahls sein Lebensmuster, seinen Beitrag für das Ganze.

Wir helfen dabei dem irdischen Selbst, sich langsam auf die Frequenz seines Lichtleibs einzuschwingen. Für viele ist es eine mühsame Aufgabe, bei der nur kleine Fortschritte erzielt werden. Um so größer ist unsere Freude, wenn Menschen an einen Punkt kommen, von dem aus sie dauerhaft ihre Tätigkeit in ihrem Lichtleib oder in ihrem Transformationskörper (Auferstehungsleib) entfalten.

Um diesen Schritt zu vollziehen, muß der Mensch zuvor der Welt absterben. Nicht sein Körper muß sterben, sondern die Welt wird diesem Menschen so fahl und uninteressant erscheinen wie ein nebeliger Novembertag. Der Mensch verliert zutiefst das Interesse an den Geschäften dieser Welt. Äußerlich agiert er noch in der Welt, aber ihre Geschäfte und Sehnsüchte interessieren ihn nicht mehr wirklich. Sein Herz hat sich schon in einer anderen Sphäre verankert. Das meinte Christus mit seinem Ausspruch: »Wer sein Leben findet, der wird es verlieren, wer aber sein Leben um meinetwillen aufgibt, der wird es gewinnen.« (N. T. Mt 10, 39)

Dieser Prozeß des Loslassens vollzieht sich meist über viele Inkarnationen hinweg. Immer wieder wird die Seele in die dreidimensionalen Lebensstrudel des Begehrens hineingezogen, bis sie diese eines Tages elegant umschifft. Dann ist sie zwar in der Welt, aber nicht mehr von der Welt, wie ein Mystiker sagte. Das Bewußtsein ist jetzt hauptsächlich in höheren Welten verankert.

Frage: Was ist die Auferstehung und wie erlangt ein Mensch seinen Auferstehungs-leib?

Antwort: Du bist der fälschlichen Ansicht, daß dieser Auferstehungskörper etwas ist, das du durch eine bestimmte Art der Lebensführung, zum Beispiel durch Lichtnahrung zu dir herabrufen kannst. Aber das ist nicht möglich. Der Auferstehungskörper ist etwas, das jeder Mensch bereits besitzt, gleichgültig, wie dieser Mensch dir zu sein scheint. Moralisch oder unmoralisch, diese Wertungen haben nichts mit dem Auferstehungskörper zu tun. Dieser Körper ist die Essenz **jedes** Menschen.

Du stellst dir jetzt mit Recht die Frage: Wenn ich dieser Körper bereits bin, warum fühle ich mich nicht befreiter, leichter und den Dingen enthoben.

Stell dir vor, du stehst vor deinem Kleiderschrank, der mit wunderschönen Sachen gefüllt ist, aber aus Bequemlichkeit oder Bescheidenheit ziehst du nur immer das alte Schürzenkleid an.

Dein Bewußtsein hat immer die Wahl, im Auferstehungskörper zu sein. Aber häufig wählt ihr die falsche Frequenz, nämlich alte abgetragene Gedanken-muster, nachtragendes, sorgenvolles oder gehässiges Denken.

Die Frequenz des Auferstehungskörpers ist unablässige, tief empfundene Dankbarkeit, vollkommene Gelassenheit allen weltlichen Dingen gegenüber und pure Freude über das Da-Sein.

Dieser Auferstehungskörper ist in dir verborgen (s. Jesus: »Das Himmel-reich ist inwendig in euch.« Lk 17,21). Jesus, der Christus, war in der Lage, den Auferstehungsleib, die ursprüngliche göttliche Idee eines jeden Menschen zu sehen, also seine Wahrheit zu erfassen. Aus diesem Erkennen entspringt jede Spontanheilung.

Du solltest jeden Tag in tiefer Dankbarkeit gegenüber dem Sein beginnen. Du überlagerst und löschst damit alle Frequenzen, die nicht dem Auferstehungsleib entsprechen und die dich als Störfelder überlagern. Im Herzen der Dankbarkeit findest du deinen Auferstehungsleib. Sprichst du in diesem Bewußtsein einen aufbauenden **ICH BIN**-Satz, so verwirklicht sich dieser mit Schnelligkeit.

Das Licht des Auferstehungskörpers versucht ständig, die Schichten an Zweifeln und Negativität, die euch umgeben, zu durchdringen und zu verzehren. Wagt den Sprung von der bewegten Peripherie eures Wesens in die vollkommene Dankbarkeit. Das Zentrum des Auferstehungskörpers ist das Herz, die dreifältige Flamme. Die größte Hilfe, die du einem anderen Menschen geben kannst, ist, daß du ihn in diesem Auferstehungskörper siehst und innerlich bestätigst.

Stimme in Gedanken in das Dankgebet seines auferstandenen Selbst ein. Ganz gleich, was das äußere Selbst eines Menschen dir erzählt, laß es an dir vorbeiziehen und nimm das Dankgebet in seinem Inneren wahr. Das ist der größte Gefallen, den du einem anderen Menschen tun kannst. Damit hilfst du ihm auch, sein äußeres Leben in die Vollkommenheit zu führen. Schau weg von den negativen Suggestionen, die über die Gedankenfelder ablaufen, und verbinde dich mit dem Auferstehungsselbst deines Gegenübers.

Auf dem Bild des opalfarbenen Strahls hast du die Einweihung zweier Paare auf symbolische Weise dargestellt. Diese Einweihung ist eine Einweihung in den Lichtkörper. Wir Engel des opalfarbenen Strahls wissen, wann eine Seele soweit ist, daß sie sich ohne Gefahr für sich selbst dem Einweihungsprozeß stellen kann. Manchmal geschieht das, wie hier auf dem Bild dargestellt, paarweise, wenn so genannte Zwillingsstrahlen gleichzeitig den irdischen Entwicklungsprozeß abschließen, um dann gemeinsam weitergehen zu können.

Der geistige Hintergrund für dieses Bild ist von einem ägyptischen Einweihungstempel inspiriert worden. In Ägypten ist noch heute ein wichtiger Platz für Menschen, die den Auferstehungskörper erlangen wollen. Dieser Ort kann durch keinen Tourismus gestört oder von neugierigen Menschen gefunden werden. Er ist nicht nur sehr hochschwingend, sondern zusätzlich holographisch verborgen. Schon in alten Zeiten fanden hier Einweihungen, Schulungen und Aufstiegszeremonien statt. Wegen dieser Tätigkeiten ist die Schwingung an diesem Ort so hoch, daß er von den Augen eines Menschen mit gering entwickeltem Bewußtsein nicht gesehen werden kann.

Die politische und religiöse ägyptische Elite bestand am Anfang aus Atlantern. Sie hatten sich aus Sorge um den sich abzeichnenden Untergang ihrer Kultur an einem vom atlantischen Kontinent möglichst weit entfernten Ort angesiedelt. Sie kamen in das Nilgebiet, weil sie wußten, daß hier schon einmal eine alte Hochkultur entstanden war, und es schien ihnen einfacher, wieder daran anzuknüpfen. Die Sphinx in der Ebene von Gizeh, verbunden mit verlassenen oberirdischen und unterirdischen Wohnstätten und Anlagen, schien der geeignete Ort zu sein, um als Ableger atlantischen Wissens wieder eine Kultur aufzubauen. Atlantische Priester mit ihren Familien, Astronomen und Wissenschaftler übernahmen diese verlassene Stätte. Durch ihr Wissen erlangten sie schnell die politische Führung im Nilraum.

Zwar breitete sich diese atlantische Oberschicht im Nilraum aus, aber das alte atlantische Wissen wurde mit der Zeit verwässert. Diese ägyptisch-atlantische Kultur entwickelte sich zwiespältig. Die führenden Eliten lebten in Tempelanlagen und blieben weitestgehend unter sich. Von hier aus wurde das Land regiert, am Anfang noch mit beeindruckendem Wissen, gegen Ende zu mehr durch Zauberkunststücke und Jenseitsvorstellungen, die Angst verbreiteten.

In diesen späteren Zeiten erreichten nur noch sehr wenige Priester eine Schwingungserhöhung zum Lichtkörper. Diese wenigen beschlossen, einen Einweihungstempel offenzuhalten, aber so geschützt, daß er durch die einsetzenden Priesterkriege, durch Verrat und Dekadenz nicht mehr berührt werden konnte. Diese wenigen Meister errichteten einen Einweihungstempel, der vollkommen verborgen und geschützt ist und in dem bis auf den heutigen Tag Einweihungen vollzogen werden. Diese Einweihungen stehen vor allem denen offen, die in der damaligen ägyptischen Kultur den Aufstiegsprozeß in den Lichtkörper wegen der eintretenden politischen Wirren nicht geschafft haben.

Die in diesem Tempel anwesenden Lichtmeister haben es sich zur Aufgabe gemacht, all jenen Schülern, die wegen der Priesterkriege und den internen Machtkämpfen um ihren Aufstiegsprozeß gebracht worden waren, einen Weg offenzuhalten. Diese können dort in nächtlichen Schulungen, zu denen sie in ihrem feinstofflichen Körper erscheinen, ihr Wissen sozusagen nachholen. Der Einweihung gehen viele Belehrungen und Übungen voraus. Durch Prüfungen, die in diesem Tempel stattfinden, aber auch durch Prüfungen in ihrem Alltag werden sie auf eine Erhöhung ihrer Schwingung vorbereitet. Ein Lehrer-Schüler-Verhältnis kann Jahrtausende überdauern. Wegen des Verfalls der ägyptisch-atlantischen Priesterkaste in Einzelinteressen wurden viele der damaligen Novizen um die Früchte ihres Lernens und Bemühens gebracht. Wegen des Lehrer-Schüler-Gelöbnisses wurde deshalb dieser eine Tempel offengehalten. Die Seele eines Menschen, der in seiner Vergangenheit mit einem ägyptischen

Schulungsweg in Berührung kam, weiß genau, wann es an der Zeit ist, diesen Weg fortzusetzen und zu Ende zu bringen.

Da die Erde jetzt in einer Phase der Schwingungserhöhung ist, besteht die Möglichkeit, daß dieser Tempel sich auch den Menschen anderer Kulturkreise öffnet und sie zu dieser speziellen Schulung angenommen werden.

Dieses Bild der ägyptischen Einweihung ist ein Ruf an all jene, die sich von ihm besonders angesprochen fühlen. Es bedeutet, daß ihr möglicherweise diesen Einweihungsweg gehen wollt. Dann ruft uns Engel des opalfarbenen Strahls und sprecht:

Im Namen meiner Gottgegenwart ICH BIN rufe ich die Engel des opalfarbenen Strahls und bitte sie, mich an einen Ort der Schulung und der Einweihung zu bringen. Ich habe das feste Ziel in mir, das Bewußtsein des Lichtkörpers zu erwecken.

Der opalfarbene Geburtsstrahl im November

Vorwiegend betreuen wir einen Menschen, bei dem ein Inkarnationszyklus zu Ende gegangen ist und ein neuer beginnt. Das Neue beginnt entweder schon bei seiner Geburt, oder es kann einen Neuanfang mitten in seinem Leben bedeuten.

Dieser Neuanfang ist oft auch eine diametrale Neuausrichtung. Oft sind diese Menschen noch unsicher auf den neuen Pfaden, die sie sich vorgenommen haben, aber sie sind erfahrene Seelen, die auf einem starken Fundament von Erfahrungen aufbauen. Stell dir einen Berufspraktiker vor, der ein Zweitstudium beginnt. Die Persönlichkeit ist also ausgereift, und auf dieser Basis lernt sie schneller als andere. In dem Neuen, das diese Seelen anpacken, sind sie aber noch unreif und keine Meister. Aus dieser Unsicherheit, die sie stark empfinden, sind sie manchmal verletzend oder dogmatisch und klammern sich an fixe Vorstellungen. Am besten lernen sie aus der Erfahrung. Als Seelen sind sie Spezialisten, die sich wegen ihrer besonderen Befähigung noch einmal auf einen neuen Inkarnationszyklus eingelassen haben. Sie sind ungeduldig und wollen schnell ihre eigentliche Aufgabe erreichen.

Durch nichts sind sie davon abzubringen, man braucht es erst gar nicht zu versuchen. Novembermenschen müssen unangefochten ihren Weg gehen, und darin unterstützen wir sie.

Sie haben meist eine stark analytische Begabung, mit der sie Menschen und Situationen gut durchschauen und lenken können. Sie sind in der Lage, vorausschauend zu denken, und können ihre Fähigkeiten auch für eine übergeordnete

Idee einsetzen. Da sie die Welt oft aus einem sehr mentalen Blickwinkel sehen, stoßen sie im zwischenmenschlichen Bereich manchmal auch auf Ablehnung, im beruflichen Bereich jedoch, wo es um nüchterne abwägende Betrachtung, Weitblick und Tatkraft geht, können sie mit ihren Eigenschaften brillieren. Berufliche Aufgaben, zu denen man diese Qualifikationen braucht, können sie deshalb zutiefst befriedigen und bedeuten für sie mehr als nur einen Gelderwerb. Das Gefühl. alle ihre Fähigkeiten zum Einsatz bringen zu können, ist für sie ein Lebenselexier. Unsere Schützlinge wollen an der richtigen Stelle und dort nützlich sein. Sie sind aber in keiner Weise weltfremde Idealisten, die für eine Idee alles in die Waagschale werfen würden, sondern sie sind durchaus in der Lage, von ihrer Umgebung den Respekt oder die ihnen zustehenden Ehren und materiellen Vergütungen einzufordern, von denen sie glauben, daß sie ihnen zustehen.

Die Engel des silber-weißen Lichts der Reinheit und der Manifestation des Christuslichtes

Auf deinem Bild sieht man die gekrönte Himmelskönigin. Sie meditiert in konzentrierter Haltung. Sie ist der personifizierte weibliche Aspekt des Göttlichen, du kannst sie auch als den Weisheitsaspekt Gottes betrachten.

Das Verbindungsglied zwischen ihr und der meditierenden Frau unten im Bild ist der Gabrielengel in der Mitte des Bildes. Die meditierende Frau sitzt auf einer siebenstufigen Pyramide, die mit dem »Teppich« des Lebens bedeckt ist. Ihre Hände sind in empfangender Haltung, und das Licht des Engels füllt Haupt und Hände. Die Sitzfläche ist aus Gold, das heißt, die Meditierende hat sich der göttlichen Fülle übereignet. Drei silberne Lichtringe der Reinheit umgeben den Gabrielengel in konzentrischen Kreisen und umfassen damit auch die Meditierende. Links und rechts im Bild siehst du die Symbole von Quer- und Längsschnitt einer Zwiebel – ein Symbol dafür, wie bei dem Entwicklungsprozeß des Menschen das Äußere zu Gunsten des Inneren absterben muß.

Die Lebensbäume rechts und links symbolisieren durch die unterschiedlichen Farben die Dualität, in der der Mensch steht. Aber es ist ein fruchtbringendes Spannungsfeld. Die beiden vor den Bäumen stehenden Engel sind Wächterengel. Nur in der Mitte, im Nullpunkt des Spannungsfeldes, kannst du dich in deine geistige Heimat entwickeln. Der einseitige Weg wird durch die Wächterengel verhindert, nur in der Mitte, in der Ausgeglichenheit des Feldes, steht der Gabrielengel, der dich Stufe für Stufe führt.

Viele Menschen erhalten im Augenblick eine Einsicht in die Engelwelten, weil dritte, vierte und fünfte Dimension sich einander nähern.

Wenn du hundert Menschen in einen fremden Kontinent schickst, werden ihre Beschreibungen unterschiedlich sein, jeder wird etwas anderes erzählen, trotzdem schälen sich gewisse übereinstimmende und grundlegende Wahrheiten heraus. Auch mit anderen Dimensionen ist es so, daß jedes Wesen sie entsprechend dem eigenen Bewußtsein erlebt, erwarte also nicht die absolute Wahrheit, sondern nur eine Facette davon.

(Das war die Antwort auf meine Gedanken bezüglich der vielen unterschiedlichen Engelbücher, die auf dem Markt sind.)

Unsere Ausstrahlung ist silberweiß. In dieser Farbe schlummern alle anderen Farben noch in ihrer Latenz, alles ist möglich, und das löst beim Kontakt mit uns dieses spezielle Gefühl von Neuanfang und Frische aus. Denk an den Liedtext »...und silberhell sprudelt die Quelle«. Die zarten Farben von rosa und

Der zwölfte Strahl:
Die Engel des silber-weißen Lichts der Reinheit und
der Manifestation des Christuslichtes

hellblau, die du schimmern siehst, lassen ein Gefühl von Unschuld und Klarheit in dir erstehen. Früher kleidete man kleine Kinder gern in diesen Farben.

Von den Michaelengeln hast du erfahren, daß wir Seelenausbilder sind, und nun fragst du dich, ob wir mit so zarten Tönen als Pädagogen geeignet sind.

Ein großer Fehler eurer Welt ist die Vorstellung, daß Belehrung und Erziehung irgendwie mit Härte und Strenge zu tun haben. Deswegen hast du dich auch so angstvoll gefragt, ob du nicht etwa aus Versehen einen Gabrielengel in dein Leben gerufen hast. Nichts ist schlimmer als die Vorstellung, einen strengen geistigen Bewacher an der Seite zu haben, der dir möglicherweise auch noch schwierige Aufgaben aufbürdet, obgleich du doch schon durch die Anforderungen des Alltags ausgelastet bist.

Lehren im geistigen Sinn bedeutet etwas völlig anderes. Es ist eher ein vorsichtiges nach Hause bringen. Das Kind, das im Dunkeln weiterspielen will, wird von einem Gabrielengel liebevoll heimgeführt. Der Engel wartet neben dir, bis du freiwillig das Spielzeug aus der Hand legst und ihm folgst. Allein durch die Ausstrahlung eines Engels wird der Ruf deiner eigenen Seele drängender: »Komm heim, verlasse die Spielplätze dieser Welt.« Immer wieder bleibt das Menschenkind stehen und verliert sich in irgendwelchen Äußerlichkeiten.

Heimgeführt werden, heißt nicht, daß du von dieser Welt genommen wirst, sondern daß du eine höhere Perspektive auf die Dinge gewinnst. Du merkst dies daran, daß du zunehmend liebevoller und gelassener wirst und deine Härten überwindest.

Heimgeführt werden, bedeutet die wirklich wesentlichen Dinge des Lebens zu erkennen und nicht mehr um die »Spielzeuge« dieser Welt zu kämpfen. Die höhere und weitere Perspektive auf das Leben kannst du dann als weiser Ratgeber oder Lehrer weitergeben. Allein darin beruht unsere Schulung.

Diese Art des Lehrens könnte auch ein Vorbild für eure irdische Pädagogik sein, nämlich durch das Vorbild im Schüler Sehnsucht nach Wissen und Erkenntnis auszulösen.

Frage: Als mir die Michaelengel vom Orden der Gabrielengel erzählten, habe ich nicht ganz verstanden, warum Jesus durch einen Gabrielengel angekündigt wurde. Er war doch mehr als nur ein Lehrer?

Antwort: Jesus, der Christus, war eine Liebesgabe der Gottmutter an diese Welt. Er kam als großer Lehrer aus den inneren Lichtwelten (das Reich meines Vaters bzw. Mutter hat viele Wohnungen). Er hat viele Welten erhoben, bis er sich als letzte Opfergabe dieser Welt annahm, um von hier wieder in sein

Lichtreich aufzusteigen. Seine Reise durch die Dimensionen war ein Gnadenakt des mütterlichen Aspektes. Er hat als Lehrer und Lichtbringer gewirkt und wurde deshalb von den Engeln des Gabrielordens begleitet.

Wir Gabrielengel setzen nur Impulse, wenn die Seele dies wünscht. In gewisser Weise spiegeln wir die Lieblichkeit der inneren Lichtreiche im besonderen Maße wider und wecken so die Sehnsucht des Menschen, sich seiner wahren Heimat wieder zuzuwenden. Du siehst also, wir sind keine Überwachungspädagogen mit erhobenem Zeigefinger.

Frage: Ihr erweckt in mir so ein Gefühl von Unschuld und Reinheit, wie ich es manchmal empfinde, wenn ich kleine Kinder sehe.

Antwort: Wir sind auch die Begleiter von Kindern in den ersten Jahren, bis ihr Bewußtsein sich stärker der Außenwelt zuwendet. Die Freude, die kleine Kinder in Menschen auslösen können, hängt damit zusammen, daß sie noch eng mit ihrer himmlischen Sphäre verknüpft sind. Wir Gabrielengel sind ihnen nahe, und das spürst du. Jetzt kannst du vielleicht verstehen, welcher Verlust es ist, wenn kleine Kinder zu früh intellektuell gefordert werden, wie es im Augenblick bei euch in Mode kommt. Das verträumte Kind, das noch mit seiner himmlischen Heimat in Verbindung steht, gilt heute als Verlierer.

Viele kleine Kinder um sich zu scharen bedeutet gleichzeitig, viele Engel um sich zu haben. Für kleine Kinder ist es im allgemeinen sehr angenehm, ältere Menschen bzw. Omas und Opas um sich zu haben, deren Bewußtsein im allgemeinen meist schon aus den Niederungen des alltäglichen Lebenskampfes entwachsen ist. Die Seele eines älteren Menschen will wieder mit den inneren Reichen in Kontakt kommen. Eine Verbindung von Alt und Jung ist für beide Teile sehr fruchtbar und entlastet auch die mittlere Generation, die am stärksten die Last der Erdung erfährt. Weil wir die Begleiter der Kinder sind, wird während der Zeit unserer Einstrahlung im Dezember auch die Geburt Jesu gefeiert.

Frage: Nach welchen Kriterien kann ich hier auf Erden einen spirituellen Führer aussuchen?

Antwort: Die großen Religionsstifter und ihre Nachfolger versuchten, die Menschheit mit Verboten und Geboten und durchaus mit List aus den Schlingen der Sinnengebundenheit zu lösen. Jeder spirituelle Führer muß sich daran messen lassen, wie weit ihm dies gelingt. Manche versuchen auch, die Sinne als Weg zu benutzen, aber wir raten davon ab. Tantra und ähnliche Wege führen bei den meisten Menschen des westlichen Kulturkreises zu großer Verwirrung. Es gibt viele Wege auf dem Markt der Psychologie und Esoterik, die Menschen in die Irre bzw. im Kreis führen.

Ein wichtiges Kriterium für einen guten spirituellen Lehrer ist ein untadeliger und transparenter Lebenswandel. Teure Kurse sind mit Sicherheit kein Markenzeichen für einen geläuterten Geist.

Klöster westlicher und östlicher Orden sind nur sehr selten die Heimstätten offener und gerader Geister. Große Scharen von Anhängern sind auch in keiner Weise ein Gütezeichen. Denk dabei an Jesus, er hatte nur zwölf Jünger.

Frage: Durch welches Symbol kann man euch erreichen?

Antwort: Jedes kleine Kind, das ihr seht, soll euch ein Symbol sein für die Unschuld und Gegenwart des Göttlichen. Darüber hinaus kannst du dich durch einen silbernen Zwölfstern mit uns in Verbindung setzen.

Symbol der Engel des silberweißen Strahls

Der silber-weiße Geburtsstrahl im Dezember

Menschen, die unter unserem Strahl inkarnieren, haben ein großes Verlangen, die irdische und die geistige Sphäre zu verknüpfen. Wie ihr an anderer Stelle über die Zahlen erfahren werdet, bedeutet die Zwölf Vollendung und Abschluß.

Das heißt aber nicht, daß die Menschen unter dem zwölften Strahl schon ihren persönlichen Abschluß erfahren, sondern sie haben ein besonderes Verlangen nach Überblick. Sie wollen die kosmischen Grundstrukturen studieren und sie dann in dreidimensionale Vorstellungen umsetzen. Unter den Dezembermenschen sind die geborenen Gelehrten, Weisen, Religionskundler aber auch Astronomen und Quantenphysiker. Der Dezembermensch sehnt sich nach dem ganz großen Wurf, der Weltformel, der vereinheitlichten Sichtweise. Er will wissen, was die Welt im Großen und im Kleinen zusammenhält. Nicht allen Dezembermenschen gelingt es, sich weitgespannte Ziele zu setzen, deswegen bleibt bei vielen ein unbestimmtes Sehnen. Diese Sehnsucht, also eine unbewußte Suche, kann sie zu rastlosen Reisenden machen. Im schlimmsten Fall sind sie immer im Aufbruch nach irgendwohin, sowohl räumlich als auch in ihren persönlichen Zielsetzungen. Ist ein Etappenziel erreicht, muß schleunigst ein neues gefunden werden.

Für Menschen unter unserem Strahl ist es notwendig, sich darüber klarzuwerden, daß hinter jeder Sehnsucht letztlich die Sehnsucht nach der Heimat der Seele steht. Diese Heimat kann nicht in der Außenwelt gefunden werden und auch in keinem noch so umfassenden System, sondern nur durch die Fokussierung der Herzensenergie im Hier und Jetzt.

Im schlimmsten Fall machen unsere Schützlinge ihre angestrengte Suche nach dem Licht zu einer langen Flucht vor dem Licht, weil sie die vielen kleinen Möglichkeiten, ihre Herzensenergie zu erweitern, im Streben nach Weite und Erkenntnis schlichtweg übersehen. Zumeist schaffen sie sich deshalb irgendwann im Leben eine Bremssituation, die sie zwingt, sich mit der Gegenwart auseinanderzusetzen, Mitmenschen zu bemerken und Verantwortung zu übernehmen. Meist leiden sie furchtbar unter dieser Situation, aber es dient letztlich genau dem Ziel, das sie sich gesteckt haben.

Im Dezember wird die Geburt Christi, des Sohnes des Lichts, auf der bloßen Erde in einem dunklen Stall gefeiert. Dies ist ein wirkliches Meditationsbild für die Dezembergeborenen. Erst die Auseinandersetzung mit dem Erdelement, in dessen Bereich der zwölfte Strahl liegt, erzeugt die Kraft, die nötig ist, um sich dauerhaft im Geistigen zu verankern. Da der silber-weiße Strahl nur über das Erdelement gelebt und erfahren werden kann, ist es für die Menschen in diesem Strahl wichtig, sich in der Natur zu bewegen oder den eigenen Garten zu hegen und zu bearbeiten.

Wenn sie mit Füßen und Händen die Erde berühren, hat das für sie eine heilende und erneuernde Wirkung. Sie kommen dabei ganz zu sich selbst, und die innere nervöse Hochspannung, die sie treibt, harmonisiert sich. Essentiell wichtig sind für sie auch die Betrachtung des Nachthimmels und die Beschäftigung mit den Sternen. Sie sollten im Sommer nachts auf der Erde liegend meditativ den Sternenhimmel betrachten. Dies wäre eine wunderbare und empfehlenswerte Übung für sie.

Die Ordnung der Farbstrahlen

Dies ist ein wichtiges Kapitel, weil es hier nicht nur um die Ordnung der Farben geht, sondern auch darum, wie ihr euch auf systematische Weise mit ihnen beschäftigen könnt, um damit in eurem Leben konkrete Erfahrungen zu machen. Die Ordnung, die wir euch vermitteln, ist praktisch und lebensnah. Ihr könnt basierend auf diesem System schnell mit der Engelsphäre in Kontakt kommen. Könntet ihr, wie wir, euren eigenen Kausalkörper sehen, so würdet ihr einen sterngleichen, diamantenen, in allen Farben blitzenden Strahlungsleib sehen.

Damit ihr selbst mit diesem Körper in Kontakt kommt, stellt euch bitte den Dodekaeder vor. Er ist einer der platonischen Körper und besteht aus zwölf Fünfecken. Laßt in eurer Vorstellung jedes der zwölf Fünfecke in einem der Farbstrahlen erglänzen, laßt ihn wie einen Brillianten in einem Farbspiel erstrahlen. Aus dieser Vorstellung entsteht ein Dodekaeder-Stern. Natürlich ist dies eine Vereinfachung. In Wirklichkeit ist eure Strahlung viel dynamischer, und die Farben bilden eine Farbsymphonie.

Aber es ist wie beim Erlernen von Musik, hier müßt ihr auch die sieben Ganztöne und die fünf Halbtöne kennenlernen und ihre Oktaven. Ihr müßt lernen, wo, zum Beispiel auf dem Klavier, der jeweilige Ton angeschlagen wird. Ähnlich verhält es sich in der Welt der Farben.

Um euch also ein Gefühl für euer Strahlungsfeld zu geben, ist der Dodekaeder ideal, da er auch eine der Verschlüsselungen eures Aurafeldes darstellt.

Dieser Stern strahlt nicht nur nach außen, sondern auch nach innen. Stellt euch eure menschliche Gestalt in der Mitte dieses Dodekaeders vor.

Dodekaeder mit den Feldern der Farbstrahlen

Ihr könnt eine wirkungsvolle Übung mit dem Dodekaeder durchführen. Betrachtet auf dem Dodekaeder, welche Farbstrahlen sich jeweils gegenüberstehen (siehe Anhang) und stellt euch dann in einer Meditation vor, wie diese Farbstrahlen euren Körper durchdringen. Geht auf diese Weise alle jeweils sich gegenüberliegenden Farben durch. Badet euch in diesem Licht und dankt den Engeln der jeweiligen Farbstrahlen, das erweitert den Zufluß des Lichtes für euch.

Um euch die Farbstrahlen näherzubringen, möchten wir euch noch mal auf den Einfluß der jeweiligen Farben im Jahreskreislauf hinweisen.

Gemäß den Einwirkungen der Farbstrahlen auf euren Körper, vom Kronenchakra bis zu den Füßen, entfaltet sich die göttliche Farbenpracht auch durch das Jahr. Ihr dürft euch das aber nicht zu schematisch vorstellen. Eine Farbe bildet etwa dreißig Tage lang einen Grundakkord. Das göttliche Jahr ist ein musikalisch-farbiges Ereignis.

Es genügt, wenn ihr euch auf diesen Farb-Grundakkord konzentriert und vielleicht die eine oder andere Farbe in eurer Vorstellung mit dazunehmt, die ihr erspürt oder von der ihr wißt, daß ihr sie gerade braucht. Im Januar erklingt der erste Jahresakkord der göttlichen Ideen im goldenen Schöpferstrahl. Im Februar entfalten sich die reinen, göttlichen Ideen im violetten Farbstrahl. Der März bringt mit dem aquamarinfarbenen Strahl Klarheit über die Verwirklichung der göttlichen Ideen in eurem dimensionalen Bezugsrahmen.

Der April untersteht dem blauen Farbstrahl des göttlichen Willens, der die Ideen auch in eure dreidimensionale Welt übersetzt. Der Mai steht unter dem grünen Farbstrahl und entfaltet die göttlichen Ideen in der Natur. Im Rosenmonat Juni ist der rosa Strahl göttlicher Liebe und Harmonie vorherrschend. Im Juli zeigt sich euch der gelbe Strahl im üppigen gelben Getreide, das zur Ernte reif auf euren Äckern steht. Das Getreide ist ein Geschenk der Engel des gelben Strahls der Weisheit. Sie, die eure Lehrer sind, haben mit dem Lehren des Getreideanbaus den Aufbau der menschlichen Kulturen ermöglicht.

Der orange Strahl göttlicher Freude erfüllt den Monat August. Im September wendet sich das Jahr zum rubinroten Strahl der Vergebung und des Loslassens. In diesem Monat könnt ihr Selbstreflexion und Auslese betreiben. Der Oktober ist der Monat des göttlichen Dienens und wird vom magentafarbenen Licht durchdrungen. Der November ist erfüllt von den opalfarbenen Strahlen der Transformation und des Aufstiegs. Im Dezember, im silber-weißen Strahl erfüllt sich die Christus-Idee, die göttliche Wahrheit auf Erden.

Im Jahreskreislauf wirken bis Ende Juni die aufbauenden Kräfte. Die Monate Juli und August sind Übergangsmonate, bis die göttlichen Kraftfelder ab September im rubinrot-goldenen Strahl und im magentafarbenen Strahl tiefe Erdfrequenzen zum Ausdruck bringen. Der opalisierende und der silberweiße Strahl sind Farbspektren der Vergeistigung und der Verinnerlichung.

In euren Erdenfesttagen spiegeln sich diese Strahlen; z. B. Anfang November mit Allerheiligen und Allerseelen, einem Fest des Übergangs, um dann am Ende des Jahres mit dem Fest der Geburt Christi wieder überzuleiten in ein neues göttlich aufbauendes Jahr. Die Veränderungen der Farbstrahlen sind nicht abrupt, sondern am Anfang und am Ende eines Monats überlagern sich die Farbstrahlen.

Dieses Buch soll euch helfen, euch der himmlischen Farb- und Informationsspektren bewußt zu werden, sie in euren Alltag mit hineinzunehmen und euch von ihnen inspirieren zu lassen. Bisher konnten nur wenig Menschen diesen göttlichen Jahreskreislauf mit seinen Farbspektren und ihren unendlichen Variationsmöglichkeiten erfassen und damit Schritt halten, und deshalb waren bisher nur wenige in der Lage, auch nur einen Teil der göttlichen Farbstrahlen in ihrem Vierkörpergefüge zu integrieren.

Auch während des Tages und der Nacht, könnt ihr euch der Farbstrahlen bewußt sein, indem ihr jeweils eine Stunde einem Farbstrahl zuordnet. Beginnt nach Mitternacht mit Gold. Ein Tag durchläuft zwei Mal die Farbstrahlen. Von Mitternacht bis Mittag und von Mittag erneut bis Mitternacht. Es ist eine gute Übung sich einen Tag lang einmal jede Stunde einen der Farbstrahlen vorzustellen. Mit dieser Übung wird sich euer Farbempfinden verfeinern und damit werden göttliche Qualitäten in eurem Leben Einlaß finden.

TEIL II

*Als ich zum ersten Mal einen zusammenhängenden Text über die Elemente-Engel erhielt, spürte ich sehr stark die Präsenz eines Engels und erfuhr auch seinen Namen: **Ani*El.** Durch ihn erhielt ich Zugang zu den einzelnen Elemente-Engeln und ihren Botschaften. Daß die Elemente-Engel sehr machtvoll sind, war mir schon beim Malen der Bilder bewußt geworden, und ich hatte den Eindruck, daß **Ani* El** wie eine Art Filter zwischen mir und ihnen stand und auf diese Weise die Niederschrift der Texte ermöglichte.*

Der Aufbau des menschlichen Vierkörpersystems und seine Verbindung zu den zwölf Strahlen

Einführung

Es ist von großer Bedeutung für euch, euer Vierkörpersystem zu heilen und zu berichtigen. Das ist die erste und wichtigste Arbeit, bevor ihr euch die Möglichkeiten der zwölf Farbstrahlen zunutze machen könnt.

Hier auf der Erde, in der dritten Dimension, braucht ihr als Seele das Vierkörpersystem, bestehend aus Mentalkörper, Emotionalkörper, ätherischem und physischem Körper. Diese vier Körper benötigt eure Seele, um hier auf der Erde Erfahrungen zu machen und sich weiterzuentwickeln. Die feinstofflichen Körper umgeben euch **nicht** wie Schichten, sondern sie durchdringen sich und strahlen verschieden stark und weit vom Körper aus. Zum Teil kann ein Hellseher diese Ausstrahlungen als Aura wahrnehmen. Bei fast allen Menschen haben diese feinstofflichen Körper Verletzungen, Verzerrungen und Unterbrechungen im Strahlungsfluß. Das äußert sich nicht nur im physischen Bereich als Krankheit, sondern auch in vielfältigen seelischen Problemen, Ängsten und mentalen Fixierungen.

Die Ursache dieser Verletzungen liegt, wie wir euch an anderer Stelle schon erklärten, in kollektiven Katastrophen, die sich auf diese feineren Schwingungskörper sehr zerstörerisch auswirkten. In verschiedenen Kreisen wird der Aufstieg zum Lichtkörper mittels der Mer-ka-ba gelehrt, es wird gezeigt, wie man sie aktivieren kann. Die Mer-ka-ba ist aber nichts anderes als die Aktivierung des zwölfstrahligen Feldes. Dieses Feld mit all seinen Möglichkeiten der Manifestation zu nutzen, gelingt aber erst, wenn das Vierkörpersystem ausgeheilt ist.

Das verschränkte menschliche Vierkörpersystem
innerhalb der zwölf Farbstrahlen

Wir möchten euch deshalb in diesem zweiten Teil des Buches Möglichkeiten zeigen und auch ein System vorstellen, wie ihr euch mit jedem einzelnen dieser feinstofflichen Körper beschäftigen könnt. Ihr könnt feststellen, welcher eurer feinstofflichen Körper Verletzungen aufweist, um dann mit Hilfe der Elemente-Engel diesen feinstofflichen Körper auszuheilen.

Jeder einzelne dieser feinstofflichen Körper hängt mit dem Schwingungsfeld eines bestimmten Elements zusammen und ist deshalb über die Engel dieses Elements zugänglich. Zuerst stellen wir euch die einzelnen Elemente, ihre Engel und deren Wirken vor. Im zweiten Teil erklären wir euch den geometrischen Aufbau eurer feinstofflichen Körper und die jeweils ihnen zugrundeliegenden platonischen Schwingungskörper. Die Beschäftigung mit den platonischen Körpern und ihre Imagination, die ihr üben solltet, wird euch dabei helfen, die Grundlagen eurer leiblichen Manifestation zu verstehen.

Die vier Elemente und das Vierkörpersystem des Menschen

Jeder geringste Gedanke, den ihr habt, erzeugt auf der Ätherebene sogleich einen Wirbel, eine Bewegung und Polarisierung. Ihr selbst seid die Kraft, die den Gedanken in die Verwirklichung treibt. Ihr seid ein Teil der vorantreibenden Gedankenkraft dieses Universums. Ihr seid das denkende und ausführende Organ dieses Kosmos. Euer wahrer Körper ist ein göttlicher Körper, der keinerlei Trieben oder tierischen Bedürfnissen unterliegt. Er ist ein reiner Lichtkörper. Er übersetzt sich von der Ätherebene ausgehend durch die vier Elemente (Aggregatszustände des Geistes, von euch Materie genannt).

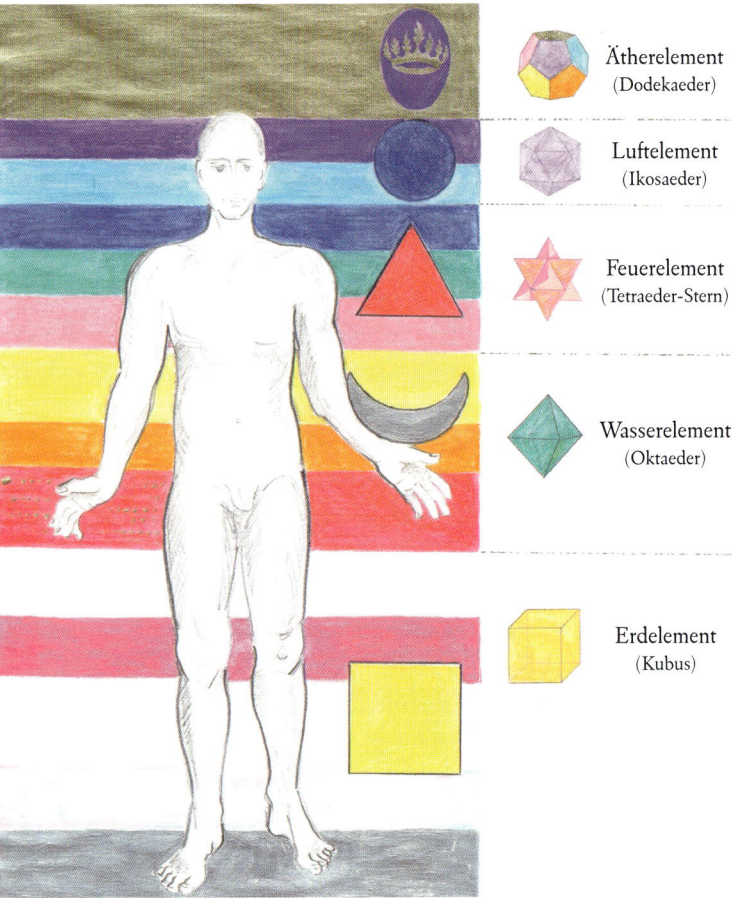

Ätherelement
(Dodekaeder)

Luftelement
(Ikosaeder)

Feuerelement
(Tetraeder-Stern)

Wasserelement
(Oktaeder)

Erdelement
(Kubus)

Schematische Darstellung des Einflußbereichs der Elemente und die zu ihnen gehörenden platonischen Körper

Durch eure dreifältige Herzensflamme und die zwölf Strahlen seid ihr ständig mit der Vollkommenheit, mit eurem **ICH BIN** verbunden.

Die zwölf Strahlen sind die Urausdruckskräfte des Göttlichen, die sich auf eine jeweils besondere Weise in euren feinstofflichen Körpern zum Ausdruck bringen. Da die Elemente diese feinstofflichen Körper in starkem Maße bestimmen und beeinflussen, wollen wir sie in diesem Zusammenhang, der Einfachheit halber Elementekörper nennen. Es ist wichtig, daß ihr nicht nur den zwölf Farbstrahlen Aufmerksamkeit schenkt, sondern euch auch mit dem Wechselspiel zwischen euren Elementekörpern und den zwölf Strahlen beschäftigt.

Die Übungen, die wir euch dazu geben, dienen eurer Ausgeglichenheit und führen mit der Zeit dazu, die jeweiligen Farbstrahlen besser integrieren zu können. Was wir euch hier zu erklären versuchen, ist für eure weitere Entwicklung zur nächsthöheren Schwingungsoktave nötig. Durch das Verständnis der Elemente in ihrer Verbindung mit dem zwölffachen Strahlungskörper könnt ihr langsam ein Gefühl für euren geistigen Körper entwickeln. Der Einfluß dieser zwölf Strahlen und ihr Wechselspiel mit den Elementekörpern hat mit dem, was ihr vielleicht bisher über Chakren und ihre Lage im Körper gelernt habt, nichts zu tun.

Wie ihr auf nebenstehender Zeichnung sehen könnt, beeinflußt eines der vier Elemente immer drei Farbstrahlen. Das Ätherelement, das eine Sonderstellung einnimmt und nicht mehr zum Vierkörpersystem gehört, beginnt am Einstrahlungspunkt des goldenen Strahls, am Kronenchakra.

Der Christusstrahl der göttlichen Reinheit und Wahrheit, also der zwölfte, weiß-silberne Strahl, trifft im Bereich des Erdelements, an euren Fußsohlen auf euren Körper. Das bedeutet, daß ihr diesen Strahl nur über eine Auseinandersetzung mit dem Erdelement voll erfassen könnt.

Ebenso werdet ihr dem elften Strahl, Transformation, der bei euren Fußgelenken seine körperliche Entsprechung hat, nur über eine Auseinandersetzung mit dem Thema Erde gerecht. Auch der zehnte Strahl des Dienens, der durch eure Knie symbolisiert wird, wird durch das Erdelement zum Ausdruck gebracht.

Das Wasserelement umfaßt eure Körperpartie von der Basis bis zum Solarplexus. In diesem Bereich wirken der rubinrote Strahl der Vergebung, der orangerote Strahl der Schöpferkraft und göttlichen Freude und der gelbe Strahl der Weisheit.

Der rosa Strahl, der grüne und der blaue Strahl unterstehen dem Feuerelement und haben ihre körperliche Entsprechung zwischen Brust und Halsbereich. Im Bereich des Luftelements sind der aquamarinfarbene Strahl der Klarheit und der violette Strahl, die ihren Einflußbereich am Kopf haben. Der goldene Strahl am Kronenchakra stellt, wie gesagt, bereits die Verbindung zum Ätherelement dar.

Dieses Wissen hat einen ganz praktischen Nutzen für euch. Wollt ihr zum Beispiel eure Gedankenfelder reinigen und vergeistigen (violetter und aquamarinfarbener Strahl), um ein klarer Kanal für göttliche Eingebungen zu werden, so müßt ihr euch zuerst mit dem Luftelement beschäftigen. Wollt ihr das Leben (grüner Strahl), die Liebe (rosa-goldener Strahl) oder den göttlichen Willen (blauer Strahl) erforschen, so beschäftigt euch zuerst mit dem Feuerelement oder stellt euch eure Herzensflamme vor. Bei den Themen Weisheit, Schöpferkraft und Vergebung solltet ihr euch mit dem Wasserelement auseinandersetzen. Göttliches Dienen, Transformation und den zwölften Strahl, Wahrheit, die Christuskraft erlangt ihr in der Auseinandersetzung mit dem Erdelement.

Ihr solltet eine gewisse Fertigkeit erlangen, ungelöste Themen eures Alltags einem Element zuzuordnen, um euch dann mit dem jeweiligen Element näher zu befassen. Dies gelingt dadurch, daß ihr euch in der Meditation mit dem jeweiligen Element beschäftigt.

Nehmen wir folgende Beispiele an:

Ihr habt ein Autoritätsproblem. Sei es dadurch, daß ihr in zu starkem Maße fremdbestimmt seid, oder im Gegenteil, daß ihr versucht eure Umgebung zu dominieren oder zu kontrollieren. Das Thema Autorität läßt sich dem vierten Strahl, dem göttlichen Willen zuordnen. Die Probleme, die ihr habt, stellen eine Verzerrung dieses blauen Strahls dar. Der vierte Strahl unterliegt dem Feuerelement. Also meditiert zuerst über das Feuerelement. Stellt euch in eure Herzensflamme und seht, wie euch die blaue, die rosa und die goldgelbe Flamme in ein zartes, strömendes, ewiges Spiel des Lichts einhüllen.

Es geht um das Thema »Vergebenkönnen«. Dies betrifft den neunten, den rubinrot-goldenen Strahl, der euch im Bereich des Wasserelementes zuströmt. Hier könnt ihr über die unendlich sprudelnde Quelle meditieren. Ihr könnt auch in eurer Vorstellung in der Quelle baden. Ihr werdet sehen, wie hilfreich diese Visualisierungen sein können, und werdet sicher selbst erfinderisch darin werden.

Ihr habt den Wunsch, euch schneller zu entwickeln und geistig weiterzukommen. Hier kann euch der elfte Strahl der Transformation helfen, der mit dem Erdelement korrespondiert. Ihr müßt euch also mit Themen der Erdung auseinandersetzen. Vielleicht fangt ihr an, euch um eure Erde zu kümmern, und wenn ihr es im Großen nicht könnt, dann bestellt wenigstens euren Garten in Liebe. Schenkt den Früchten, die ihr eßt, eure Aufmerksamkeit, denkt über die Wiese und den Boden nach, über den ihr geht.

Ihr steht vor dem Problem, eure Gedanken verändern zu wollen, weil euch die Macht der Gedanken klar geworden ist und ihr jetzt statt negativer Gedanken ihr positives Gegenteil denken wollt. Diese Umkonditionierung der eigenen Gedanken ist für die meisten Menschen außerordentlich schwer, und wir empfehlen euch deshalb, euch zuerst mit dem Luftelement auseinanderzusetzen.

Um euch den Elementen als Thema anzunähern, schlagen wir euch vor, nachfolgende Elemente-Meditation auszuprobieren:

Elemente-Meditation

ÜBUNG:

Am Anfang jeder Meditation sollten ruhige Atemzüge stehen. Zur Beruhigung könnt ihr auch einfache Mudras* üben und zur Klärung des Kopfes den yogischen Feueratem 30 - 60 Mal.**

Daran sollte sich eine ausführliche Meditation über die Elemente anschließen.

Beginnt mit dem Erdelement. Stellt euch die wunderbaren Steine und Metalle vor, die im Inneren eurer Erde entstehen, oder ihr könnt euch Gold, Silber und Kupfer vorstellen. Ihr könnt auch jede Gesteinsart innerlich betrachten, zu der ihr euch hingezogen fühlt.

Geht dann zum Wasserelement. Imaginiert einen Brunnen aus Stein oder eine aus dem Erdreich sprudelnde Quelle oder seht eine Wasserfontäne, wie sie aus dem Brunnen hervorbricht. Stellt euch mitten in die Fontäne. Sie steigt weit über euren Kopf empor und fällt in glitzernden Tropfen rund um euren Körper wieder in das silbern schimmernde Wasserbecken. Verweilt darin eine Weile.

Als nächstes geht zum Feuerelement und imaginiert eure dreifältige Herzensflamme und begebt euch in ihre Mitte. Spielt mit den Flammen und verwandelt ihre Farben.

Als letzten Schritt sucht die Verbindung zu eurem Luftelement. Stellt euch die Weite des blauen Himmels vor mit einer Taube, die zu euch herabkommt. Spürt das Strömen eures Atems und fühlt die Luft um euch herum.

Bei jedem Element könnt ihr den entsprechenden Elemente-Engel rufen und ihm dafür danken, daß er eine eventuelle Klärung eures Vierkörpersystems vornimmt.

* s. Gertraud Hirschi, *Mudras*, Bd. 1 u. 2   ** s. Satya Singh, *Das Kundalini Handbuch*

Diese Elemente-Meditation hat eine stark reinigende Wirkung. Ihr könnt dadurch vieles aus euren feinstofflichen Körpern eliminieren, und euer physischer Körper wird alte Ablagerungen und Giftstoffe ausscheiden wollen. Nehmt Reinigungsbäder, trinkt ausreichend reines Quellwasser und begebt euch in die Natur, das hilft euch, die alten Belastungen loszulassen. (Wir gehen davon aus, daß ihr alle schon vegetarisch lebt, keinen Alkohol und keinen Kaffee zu euch nehmt und auch keine belastenden Stoffe wie alle Arten von Drogen, Psychopharmaka oder Nikotin, sonst könnten diese Meditationen sehr unangenehm werden.)*

Je mehr ihr ein Gefühl für die Elemente bekommt, desto klarer können euch die Inspirationen der Engel der zwölf Strahlen erreichen. Wenn die Elementekörper nicht geklärt sind, erreichen euch die Botschaften aus der Engelwelt nur verzerrt. Es ist, wie wenn ihr durch ein trübes Glas etwas erkennen müßtet oder durch verschmutztes und bewegtes Wasser etwas auf dem Grund erkennen sollt. Ihr bekommt bestenfalls eine Ahnung von der göttlichen Botschaft, die euch erreichen will. Wir legen euch sehr ans Herz, diese grundlegende Übung jeden Tag zu machen. Ihr könnt auch auf einem Meditationstisch Symbole der Elemente aufstellen, die ihr in der Natur gefunden habt. Das kann euch helfen, die Elemente in euren Alltag mit einzubeziehen.

Entdeckt in euren Meditationen immer neue Facetten der Elemente. Seid schöpferisch und einfallsreich. Stellt euch zum Beispiel beim Erdelement Höhlen voll Gold und Kostbarkeiten vor. Betrachtet beim Wasserelement die Delphine und die herrlichen Farben der Fische. Folgt beim Feuerelement dem Spiel der Flammen oder stellt euch Sonnen vor.

Besinnt euch auch tagsüber auf die Elemente, mit denen ihr ja dauernd in Berührung seid. Diese Übung führt euch zu einer immer größeren Dankbarkeit den Elementen gegenüber.

Die Engel der Elemente

Wie bei den Bildern der zwölf Farbstrahlen, sind auch die Bilder der Elemente-Engel Toröffner für ihr Wirken und ihre Energien. Im folgenden Kapitel möchten wir euch deshalb die Elemente-Bilder erläutern und auf die Aufgabenbereiche der jeweiligen Elemente-Engel eingehen.

---

* Anm. der Autorin: Nach meiner persönlichen Erfahrung, sind diese Hinweise ernst zu nehmen, da die auftretenden Reinigungsprozesse sehr tiefgreifend sind.

Das Erdelement

Als Erdelement bezeichnet ihr immer die am meisten verdichtete Form von Lichtschwingung, also das, was euch im Moment als fest und statisch erscheint. Was euch aber fest und statisch erscheint, ist nur eure Anschauung von Materie. Eure sogenannte materielle Umwelt hat sich im Laufe der vielen Tausenden von Jahren, in denen auf dieser Erde humanoide Kulturen entstanden und wieder vergangen sind, in ihrer Schwingung immer wieder sehr verändert.

Als materiell bezeichnet ihr eine Umgebung, die euch immer gleich erscheint und in der ihr gleichbleibende Naturgesetze feststellt. Es gab aber schon Zeiten auf dieser Erde mit einer wesentlich höheren Schwingung als heute. Materielle Veränderungen wurden schneller und mit weniger physischer Krafteinwirkung von diesen vergangenen Zivilisationen verwirklicht. Ihr könnt euch das ähnlich vorstellen wie die Veränderung, die ein Raumfahrer auf dem Mond erlebt. Ihr würdet diese prähistorischen Kulturen als nahezu ätherische Zivilisationen erleben, wenn ihr eine Zeitreise machen könntet. Aus eurer heutigen Sicht würde euch dieses Leben ungemein leicht erscheinen.

Das Schwingungsgefüge der Erde hat sich also geändert und wird sich auch wieder ändern. Wir Engel des Erdelements bilden euren physischen Halt, so daß ihr euch in der euch bemessenen Zeitdauer innerhalb eines festen Rahmens bewegen könnt. So schwer dieses Leben auf Erden auch manchmal für euch zu bewältigen ist, so kann euer höheres Selbst doch unschätzbare Lern- und Erfahrungsschritte innerhalb dieses Rahmens machen.

Stellt euch vor, ein Fußballtrainer läßt für seine Mannschaft das letzte Fußballspiel in Zeitlupe ablaufen. Jeder Spieler kann dadurch seine Fehler genau studieren, oder er erkennt dadurch überhaupt erst, wo er Schwachpunkte hat. In höheren Dimensionen fallen Raum und Zeit zu einem einzigen Bewußtseinszustand zusammen. Nur hier auf der Erde habt ihr die Gelegenheit, sie getrennt zu erleben und euch dadurch selbst besser kennenzulernen und eure Schöpferkraft zu trainieren.

Wenn ihr in höheren Schwingungsebenen seid, schafft euer Bewußtsein sofort die entsprechende Umgebung, und durch den Mangel an Gegensätzen könnt ihr nur schwer Veränderungen bewerkstelligen. In der materiellen Welt, in der die Dualität am stärksten ausgeprägt ist, ist auch die Lernmöglichkeit für euch am größten. Das Prinzip der Dualität durchzieht in immer schwächer werdendem Maße alle Ebenen bis zur Kausalebene, ist aber hier im physischen Bereich des Erdelements am stärksten und deshalb am lehrreichsten für euch.

Auf welcher Frequenz das Erdelement schwingt, ist für jeden Menschen verschieden. Auch wenn ihr glaubt, euch alle auf dem gleichen Planeten zu

Erd-Engel

befinden, so sind doch die Schwingungszustände des Materiellen auf eurer Welt sehr unterschiedlich. Es gibt heute schon eine beträchtliche Zahl von Menschen, die sich der ätherischen Ebene stark genähert haben, während andere noch in tiefer schwingenden materiellen Zuständen existieren. Es gibt sehr hoch schwingende Orte auf eurem Planeten und auch Orte starker Verdichtung. Durch euer Denken und Handeln könnt ihr die Schwingung eines Ortes verändern. Durch geistige Disziplin könnt ihr die Schwingungsfrequenz erhöhen, was zur Folge hat, daß ihr, dem Resonanzgesetz entsprechend, wiederum höher schwingende Wesen anzieht. Also unterschätzt euch nicht in eurer Verantwortung gegenüber eurem irdischen Umfeld.

Wir Engel des Erdelements versuchen, eure Umgebung stabil zu halten und einen Ausgleich zwischen den verschiedenen Bewußtseinsformen zu schaffen. Manchmal müssen Bewußtseinsformen gehen, so wie ihr es heute in der Tierwelt erlebt. Es ist nicht mehr möglich, die Schwingung so zu gestalten, daß diese Bewußtseinsformen weiterhin integriert werden können. Sie verschwinden sozusagen in einen anders schwingenden Raum und können von euch nicht mehr gesehen werden. Auf der anderen Seite können plötzlich Wesen entdeckt werden, von deren Anwesenheit ihr bisher nichts gewußt habt. Mit diesen Erklärungen möchten wir euch darauf hinweisen, daß auch das Erdelement ein Schwingungskontinuum ist, das für euch und alle Bewohner des Planeten variabel ist.

Es liegt nicht außerhalb eurer Möglichkeiten, euch einen blühenden Garten Eden mit ausgeglichenem Klima zu erschaffen. Wenn ihr das wollt, stehen wir bereit, euch bei diesem Unternehmen zu inspirieren. Dieser Garten Eden existiert bereits auf einer höheren Schwingungsebene als ein Ideenreich, das ursprünglich für diese Erde vorgesehen war. Die Frage ist nur, wie kommt ihr hin, wie gelangt ihr in den Bewußtseinszustand, der euch das Eintreten in diesen paradiesischen Zustand ermöglicht.

Ein Eintrittstor liegt in der Überwindung der dualen Gegensätze, im Nichturteilen. Auf dem Bild des Erdelements siehst du die Schriftzeichen und Symbole unterschiedlicher religiöser Welten. Die Elemente haben in den verschiedensten Religionen eine Bedeutung. Um einen paradiesischen Zustand zu erreichen, müßt ihr aber über die Einzelauslegungen der Religionen hinauswachsen. Sie sind nur Wege zur Transzendenz und nicht die Transzendenz selbst. Die Transzendenz, das Heilige und Harmonische ist nicht einem zukünftigen Paradies vorbehalten, sondern es ist eine Schwingung, die ständig da ist, wenn ihr aufhört zu verurteilen und zu werten. Zustände, die ihr als leidvoll empfindet, solltet ihr bewußt tragen, ohne irgendeine Form von Schuldverteilung an eure Umgebung zu betreiben. Dann kann dieser Moment der Stille entstehen, in dem ihr die Welt plötzlich als verwandelt und heilig erlebt.

Mit dem alten Symbol des indischen Kulturraums, dem gelben Quadrat könnt ihr uns erreichen.

Symbol des Erdelements

Den folgenden Text erhielt ich von einem Engel des Wasserelements, er nannte sich **Engel der Quelle.**

Das Wasserelement

Ohne uns Engel des Wasserelements gäbe es hier auf Erden keine Vegetation und auch kein Leben für euch. Das Wasser ist eigentlich flüssiges Licht mit einer nährenden Botschaft.

Es gibt Elemente-Engel des Meeres, der Flüsse, Seen und Quellen. Die Elemente-Engel der Meere sind gewaltige und ehrfurchtgebietende Wesenheiten.

Wir Quellengel verleihen dem gereinigten und aus der Erde sprudelnden Wasser bestimmte Eigenschaften, die für euch heilkräftig sind. Dies zeigt sich in einer ausgeglichenen Sternstruktur des Wassermoleküls.

Jede frische der Erde entspringende Quelle ist heilsam für euch. Dieses Wasser ist in der Lage, schädliche Stoffe zu entfernen, die ihr in eurem Gewebe abgelagert habt.

Je nachdem, auf welcher Höhe eine Quelle entspringt, hat sie zusätzlich noch andere Eigenschaften. Eine Quelle im Hochgebirge trägt auch die Botschaft der sie umgebenden Berge in sich. Die Quelle im Wald bringt euch die Botschaft der Bäume, die Quelle in der Wiese die Botschaft der Blumen.

Wasser sollte von euch wie edler Wein gekostet werden, denn ihr könnt die Botschaften des Wassers im Gaumen aufnehmen, und eure Körperintelligenz entschlüsselt diese Botschaften und nützt sie zu eurem Wohl.

Ein für euch trauriges Kapitel ist die Verunreinigung allen Wassers auf dieser Erde. Diese Verunreinigung entstammt letztlich euren Gedanken und euren irregeleiteten und falschen Vorstellungen über das, was Leben ist.

Euer Wohlgefühl hängt in hohem Maße von der Harmonie ab, mit der ihr mit den Elementen lebt, denn sie bauen ja euren Körper auf. Am Aufbau eures physischen Körpers sind vier Elemente beteiligt, am ätherischen Körper drei, nämlich das Wasser, das Feuer und das Luftelement. Am emotionalen Körper sind zwei Elemente beteiligt, nämlich das Feuer und das Luftelement und am Mentalkörper nur noch das Luftelement. In einem bestimmten Maße jedoch greifen die Elemente ineinander über und durchweben eure vier niederen Körper.

Wie du siehst, ist der ganze Rahmen eurer Ausdrucksmöglichkeiten, vom physischen Körper bis zum Mentalkörper, von den Elementen getragen.

Besonders das Wasserelement enthält lebenswichtige Botschaften für euch. Es spiegelt alles Atmosphärische in sich, aber auch den Glanz von Sonne, Mond und Sternen. Eurer Experimentierfreudigkeit diesbezüglich sind keine Grenzen gesetzt. Ihr könnt das Wasser dem Mondlicht aussetzen oder ganz bestimmten Sternkonstellationen. Wasser ist das Element, das am meisten und am schnellsten von euch beeinflußt werden kann auf seiner Reise von der Erde zum Himmel und zurück. Diesen Kreislauf könnt ihr immer nur kurzfristig

Wasser-Engel

unterbrechen und das Wasser für euch nutzen. Natürlich hat das Wasser, das vom Himmel als Regenwasser zu euch kommt, eine andere Information als Wasser, das sich durch die Tiefen der Erde wieder zur Quelle emporgearbeitet hat. Auch das Wasser eines klaren Bergsees, in dem sich tagsüber die Sonne spiegelt und nachts der Sternenhimmel, hat ganz besondere Eigenschaften.

Wasser kann unglaublich vielfältig sein, und es wäre schön, wenn ihr euch diesbezüglich zu Kennern entwickeln würdet. Dies wäre eine große Hilfe für euch, weil ihr in dieser Zeit des Umbruchs eine Verfeinerung eures Körpers erlangen solltet.

Manchmal verbergen wir Wasserengel uns in Wolkenformen und versuchen, das Wasser auf diese Weise zu reinigen. Immer geht es darum, durch unsere Liebeskraft dem deformierten Wassermolekül wieder eine Ordnungsstruktur und Schönheit zu verleihen. Wenn du Interesse an körperlicher Schönheit hast, so raten wir dir, dich sehr eng mit dem Wasserelement zu verbinden. Bade in Bergseen, trink Quellwasser und mache es dir zur Aufgabe, die Reinheit des Wassers in deinem Denken und Leben widerzuspiegeln. Überall hinterlaßt ihr durch eure Ausdünstung und durch eure Atmung Fußstapfen eures Denkens, das von den Wassermolekülen in der Luft aufgenommen wird. Durch die Sonneneinstrahlung eines Hochdruckgebietes werden diese Wasserteilchen in die Höhe gezogen. Die Menschen fühlen sich dadurch erfrischt und angeregt, denn sie werden um ihre eigenen gedanklichen Ausdünstungen oder die ihrer Umgebung erleichtert.

Tiefdruckgebiete verlangsamen den Prozeß. Das ganze Wettergeschehen wird durch die Elemente Wasser und Luft und durch die Sonnen- und Blitztätigkeit geregelt und ist ein komplizierter Prozeß des Ausgleichs zwischen der belebten Sphäre und den Elementen.

Überall dort, wo ihr stark in die Natur eingreift, zum Beispiel durch die industrielle Haltung von Tieren, durch Raubbau von Bodenschätzen zur Energiegewinnung, werdet ihr mit der Zeit auch extremere Wetterverhältnisse als

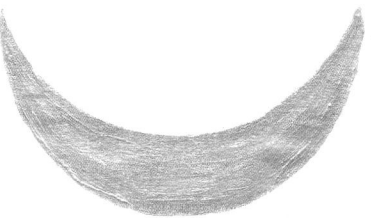

Symbol des Wasserelements

Ausgleich erhalten. Manchmal erscheint ihr uns wie Kinder, die ein wunderschönes und durchdachtes Kinderzimmer verwahrlosen lassen und demolieren.

Die Menschen der westlichen Sphäre sind viel zu aufgeregt. Ihr sollet euren Geist als erstes beruhigen, denn nur dann könnt ihr die Schönheit dieser Welt und der euch umgebenden Natur richtig würdigen. Wenn ihr die Natur achtet und ihr mit Liebe begegnet, öffnet sie sich für euch. Sie gibt dann ihre Geheimnisse und eine Flut an Informationen preis. Dies alles würde euch glücklich machen, denn es würde euch klar werden, daß ihr nicht allein seid, daß alles in hohem Maße belebt und intelligent ist. Eine Entdeckungsreise ins Reich der Elemente könnte für euch beginnen. Niemand, den ihr vergewaltigt, würde euch seine wahren Geheimnisse offenbaren. Dieses Wissen wird erst dann enthüllt, wenn Liebe und Vertrauen herrschen. Auf euch wartet eine überwältigende Fülle an Wahrheiten, aber nur dem werden sie gegeben, der sich in der Natur sanft und liebevoll bewegt.

Das Feuerelement

Die erste für euch sichtbare Emanation des Göttlichen erscheint euch immer in Form der Flamme. Das euch allen sichtbare Symbol des Göttlichen, die Sonne, erscheint euch wie ein Flammenball. In Wirklichkeit sind die Flammen ein sehr hoch schwingendes Feld. Kommt es mit Materie in Berührung, findet ein Trennungsprozeß statt. Die Idee oder der göttliche Ordnungsstrahl kehrt durch die Flamme in seine Heimat, die Ätherwelt zurück. Unreine Teilchen verbleiben als Rückstände oder Asche, um irgendwann von neuem als Teilchen an einem Schöpfungsprozeß teilzunehmen. Jedes lebende Wesen trägt über seinem Herzen eine Flamme als Willenskundgebung des Göttlichen. Euer innerstes Ich, eure tiefste Identität ist diese Flamme. Sie ist euer göttliches Sein, das außerhalb von Raum und Zeit schwingt.

Mit eurem Bewußtsein könnt ihr euch jederzeit in diese Herzensflamme zurückziehen. Euer Bewußtsein durchschweift Räume und Zeiten bis ihr wieder mal ermüdet seid. Zieht euch dann in eure Herzensflamme zurück und tankt euch mit Lebensenergie auf. Diese Flamme ist ewig und unauflöslich. Sie ist Teil des Göttlichen. Die Menschen fürchten zumeist das Feuerelement, denn nur ungern werden falsche Konzepte und überflüssige Vorstellungen der reinigenden Kraft des Feuers unterworfen. Denkt an die angstvolle Vorstellung vom Fegefeuer.

Du kannst in deiner Aura das Feuerelement aktivieren, es umgibt dich dann wie ein Flammenkranz. Bei den meisten Menschen ist dieser Feuerring inaktiv. Um ihn zu aktivieren, bedarf es einer Einweihung. Auf dem großen Bild des Feuerengels siehst du rechts und links zwei Menschen, die diese Einweihung durch den Elemente-Engel erfahren. Nur aus der Sicht menschlicher Sinne ist es schmerzhaft, mit dem Feuer in Berührung zu kommen. In Wirklichkeit verbirgt das Feuer eine Zone des Lichts und des Friedens. Die Flammen entstehen nur am Rande dieser Lichtzone. Es ist die Zone, in der göttliches Bewußtsein, also Liebe auf einen weniger angeregten Zustand von Materie trifft. Die Teilchen werden von der göttlichen Liebesmacht ergriffen und fangen an zu tanzen. Dieser Tanz ist das, was du als Flamme siehst. In dem Moment, wo ein Mensch vollkommen das göttliche Licht und Wahrheitsfeld betreten hat, erscheint am äußeren Rand seiner Aura ein Flammenkranz, weil dort sein absolutes Licht mit der Umwelt in Wechselwirkung tritt.

Einem solchen Menschen mit einem entfalteten Feuerrad zu begegnen, ist eine Herausforderung für die Umwelt. Einerseits werden die Menschen von ihrer Seele her vom Licht angezogen, andererseits schmerzt sie die reinigende Kraft der Feueraura. Ihre Konzepte fallen in sich zusammen, manchmal werden sie wütend oder sie flüchten vor dem Licht.

Feuer-Engel

Frage: Auf welche Weise kann man dieses Feuerrad verwirklichen?

Antwort: Wir Engel der Flamme stehen jederzeit bereit, einen Anwärter durch die Flammen in sein eigenes Licht zu führen. Grundsätzlich kann jeder Mensch zu jeder Zeit sein eigenes Lichtreich betreten.

Ob man viel oder wenig in der Flamme zurücklassen muß, spielt letztlich keine Rolle, viel entscheidender ist der klare Wille eines Menschen, dieses Lichtreich zu betreten.

Im Augenblick dehnt sich das Lichtreich Gottes aus. Für viele Menschen wären es nur noch ein paar kleine Schritte, um zurück in ihre angestammte Lichtheimat zu kommen. Aber bei vielen Menschen löst diese Ausdehnung des Lichtes eine latente Unruhe oder Angst aus. Sie erproben gerade jede mögliche Vorgehensweise, um dem Licht auszuweichen. Sie verkrampfen sich in materielle Wünsche, oder der Bewegungsdrang nimmt so zu, als ob sie durch eine örtliche Veränderung dem göttlichen Licht ausweichen könnten. Vieles, was du in der äußeren Welt beobachtest, hängt mit dieser latenten Angst vor dem Licht zusammen. Aus unserer Sicht steigt aus diesem Grund der Verbrauch an Psychopharmaka, weil man mit ihnen die innere Unruhe und Angst zu überdecken versucht.

Was Not täte und womit du und andere, die diese Zeilen lesen, helfend eingreifen könnten, ist folgendes: mit Gelassenheit und mit Beruhigung auf die Menschen eurer Umgebung einwirken. Wo auch immer Panik, Hysterie und negative Suggestion auftaucht, versucht zu beruhigen, werbt um Vertrauen in diesen göttlichen Prozeß des zunehmenden Lichts und dafür, Hoffnung in die Zukunft zu setzen.

Das Symbol mit dem du uns erreichen kannst, ist das rote gleichschenkelige Dreieck.

Symbol des Feuerelements

Das Luftelement

Wir Engel des Luftelements beherrschen jene Sphäre, in der einerseits eure Gedanken beheimatet sind und aus der andererseits euer Atem geschöpft wird. Daraus seht ihr, daß es eine Beziehung zwischen beiden gibt. Das Ideal dieser Beziehung könnte man den durch den Atem rhythmisierten Gedanken nennen. Gedanken, die ihr mit dem Atemrhythmus synchronisiert, erzeugen in euch ein Gefühl der Ruhe und haben gleichzeitig eine andere Durchsetzungskraft, wenn es darum geht, einen Gedanken in eurer dreidimensionalen Schwingungsebene zur Verwirklichung zu bringen.

Wie alle Elemente-Engel, haben auch wir die Aufgabe, den Lebensraum für euch und andere Lebewesen zu gestalten und in Harmonie und Klarheit zu erhalten. Wir filtern die hohe kosmische Strahlung, um euer biologisches Leben zu ermöglichen. Viele von euch sind sich nicht im klaren darüber, wie fein und zart eigentlich die Luftschicht ist, die eure Erde umhüllt.

Erst den Astronauten, die aus dem Weltall auf die Erde blickten, wurde bewußt, wie zerbrechlich diese blaue Schicht ist, in die eure Erde gebettet ist.

In eurer Mythologie gibt es die Engel der Winde, Äolus, Boreas, Zephirus und weitere. Es sind die großen Luftströme, die um eure Erde zirkulieren und einen komplizierten Tanz des Ausgleichs von warmen und kalten Luftmassen vollziehen. Das ist aber nur der für euch sichtbare und spürbare Teil unseres Wirkens und eigentlich der kleinste.

In unserem Schwingungsbereich befindet sich auch die Akasha-Chronik dieser Erde. Alles jemals Gedachte und Geschehene läßt sich hier wiederfinden und kann anschaulich wiederbelebt werden.

Alles Denken der Menschen findet in einem Hyperraum statt und wird von eurem Gehirn gemäß dessen individuellem Schwingungsmuster abgerufen und steht euch dann als persönlicher Gedanke zur Verfügung. Der Raum des Denkens ist aber eigentlich ein gemeinsamer Raum, was ihr Menschen bisher noch zu wenig zur Kenntnis genommen habt. Da dieser Hyperraum zeit- und ortlos ist, ist aus ihm alles jemals Gedachte und Verwirklichte, ja auch eure möglichen zukünftigen Gedanken abrufbar.

Immer wieder begegnen uns Menschen, deren Gedanken nicht dem *Mainstream* folgen. Es sind die Visionäre, die Futurologen, aber auch Wissenschaftler und Denker, die ihrer Zeit voraus sind. Es sind Menschen, die aufgrund alternativer oder ungewöhnlicher Fragestellungen Gedanken einer zukünftigen Menschheit aus dieser Seinssphäre abrufen.

Luft-Engel

Wie euch schon die Engel des gelben Strahls erklärten, gibt es für jedes eurer Probleme eine Lösung. Gespeichert sind diese Lösungen in der Akasha-Chronik. Wir Engel bilden das Feld und die Struktur dieser Sphäre.

Je klarer eure Luft ist, desto klarer könnt ihr sinnvolle und aufbauende Gedanken empfangen. Je verschmutzter eure Luft durch Abgase und Industrieemissionen ist, desto mehr bleibt euer Denken im Muster vordergründiger, gesellschaftlich orientierter Gedanken der Angst und des Überlebens. Wenn man euch plötzlich aus den trüben und abgestandenen »Lufttümpeln« eurer Großstädte in eine reine Höhenluft versetzen würde, könnte das richtige Schockzustände bei euch auslösen. Sogar bei geübten Wanderern in großer Höhe kann es zu Visionen und Halluzinationen kommen, weil sie eigentlich eine längere Zeit der Anpassung benötigen würden.

Wenn ihr euer Denken klären wollt, raten wir euch, regelmäßig Höhenluft aufzusuchen. Die Luftatmung ist nur ein physischer Reflex auf das Pulsieren eures Gehirns. Es atmet sozusagen, es versucht, im Rhythmus des Hyperraums zu schwingen. Aber diese Frequenz könnt ihr fast nur im Tiefschlaf oder in einer Meditation erreichen. Dann öffnen sich euch plötzlich neue ungeahnte Innenräume. Im Tiefschlaf könnt ihr fast alle eure Probleme lösen, weil euer Gehirn so schwingt, daß ihr die Antworten auf eure Lebensfragen dem Hyperraum entnehmen könnt. Wir Engel der Luft versuchen, euch hier die Wege zu öffnen.

Werdet Menschen, die bewußt atmen. Selbst dann, wenn die Luft schlecht ist, könnt ihr euch durch aufmerksames Atmen den Weg zu einer höheren Schwingung bahnen; die Gedanken klären sich. Wenn eure Aufmerksamkeit bei der Atmung ist, werdet ihr merken, daß es euch langsam gelingt, in einen rhythmisierten Atem zu kommen, der mit dem Herzschlag synchronisiert ist. Im Idealfall schwingt er noch mit anderen Rhythmen, wie zum Beispiel dem Pulsieren des goldenen Strahls, der an eurem Rückgrat entlang verläuft.

Alles in eurem Körper, jedes Organ pulsiert in einem bestimmten Rhythmus. Man könnte es so ausdrücken: Sind diese Rhythmen in Harmonie, so seid ihr gesund. Sollte sich bei euch ein synchroner Rhythmus von Atem, Herzschlag, Pulsieren des Kopfes und gleichzeitig des goldenen Strahls einstellen, so versucht, so lange wie möglich in diesem Zustand zu verweilen. Es stellt sich dabei ein Gefühl ein, als wenn ihr eins mit eurem Atemrhythmus geworden wäret. Versucht aber bitte nicht, über euren Willen in diesen synchronen Rhythmus zu kommen, sondern wartet ab, bis er sich von alleine einstellt.

Auf dem Bild des Luftelements siehst du den Kopf eines Engels in einem Mandala aus ornamentalen Schwingungsmustern. Dies ist genau unsere Aufgabe: die Gedankenfelder vieler Menschen wieder zu harmonisieren; aus vielen

Bruchstücken wieder ein harmonisches Ganzes zu schaffen und somit die ausgleichende Hülle für viele einzelne Gedankenfelder zu sein.

Unser Zeichen ist ein blauer Kreis.

Symbol des Luftelements

Das Ätherelement

Wir Engel des Ätherelements bilden die Grundlage der anderen vier Elemente, die euren Körper aufbauen. Das Ätherelement ist also die Bedingung für die Entwicklung eures Denk- und Empfindungsvermögens. Wissenschaftlich gesehen, ist es das Quantenfeld, dem alle Teilchen entspringen, ihr nennt es auch Nullpunktfeld. Hier fließen Raum, Zeit und Information zusammen und werden von hier aus wieder neu figuriert.

Das Ätherelement bildet eine Art Trennungslinie zwischen den höheren inneren Welten und den Schwingungswelten, die dazu dienen, den sich entwickelnden Seelen das geeignete Umfeld zu ermöglichen. Als Vergleich möchten wir euch ein Opernhaus vor Augen stellen. In eurem Alltag seid ihr die Schauspieler auf der Bühne, euer Bewußtsein ist der Zuschauer, und in dem Maße, wie ihr euch entwickelt, seid ihr auch mehr und mehr der Regisseur der Bühnenfigur und des Stücks, das zur Aufführung kommt. Der größte Teil der Räumlichkeiten eines Opernhauses wird aber nicht von Bühne und Zuschauerraum eingenommen, sondern von Werkstätten, Proberäumen, Technik, Kulissen, Fundus, Maske, Verwaltung und Ähnlichem.

Außerhalb des Opernhauses liegt eine ganz andere Welt, die keine Ahnung von den Vorgängen in der Oper hat. Höchstens, wenn es Skandale gibt, dann dringt es bis zur Stadtverwaltung vor, ein neuer Opernchef wird eingesetzt oder es gibt strukturelle Veränderungen.

Übertragt jetzt bitte das Modell der Oper auf eure Welt. Die Bühne ist eure dreidimensionale Welt, alle anderen Abteilungen der Oper sind der feinstoffliche Rahmen, der sie umgibt, um diese Welt überhaupt zu ermöglichen. So, wie der ganze Apparat für die abendliche Bühnenvorstellung lebt, so sind auch die feinstofflichen Engelwelten nötig, um euch die Erfahrungen von Erdenleben zu ermöglichen. Wenn ein Mensch seinen Körper ablegt, dann kommt er zuerst in die Welten, die sozusagen hinter der Bühne liegen, um einen neuen Auftritt zu planen, um neue Erfahrungen und damit eine Bewußtseinserweiterung zu erfahren. Erst wenn alle Erfahrungen auf der Bühne des Lebens ausgeschöpft sind, zieht sich die Seele wieder in höhere Bewußtseinswelten zurück. Das wäre in unserem Vergleich dann die Stadt, die jenseits der Grenzen dieses Opernhaus liegt. Die Quantenwelt bildet hier die natürliche Scheidewand, da die Engelwelten und der menschliche Bewußtseinsstrom jenseits dieser Grenze völlig andere Aufgaben haben.

Der Erforschung des Quantenfelds wird jetzt große Aufmerksamkeit gewidmet, und mit hohen Kosten wird seine Erforschung vorangetrieben. In gewisser

Äther-Engel

Weise seid ihr an die Grenzen der Matrix gestoßen, die euer Leben von höheren Dimensionen abschottet. Aber auf technischem Weg könnt ihr diese Quantenmatrix nicht wirklich erkennen und erforschen. Dies gelingt nur über euer Bewußtsein.

Das Quantenfeld reagiert sofort auf menschliches Bewußtsein, und mit diesem Wissen könnt ihr euch erweiterte oder engere Spielräume schaffen. Aber so, wie ihr im Spiegel immer nur euch selbst seht oder den Gegenstand, den **ihr** davorstellt, so wird euch das Quantenfeld auch immer nur euer eigenes Bewußtsein spiegeln.

Euer Denken wird durch Wiederholungsmuster in festen Bahnen gehalten. Stellt euch diese Denkmuster wie Pfade im Wald vor, man läuft einfach auf ihnen weiter, nur weil sie da sind. Diese Denk- und Überzeugungspfade hatten irgendwann einmal ihren Sinn, aber in eurer heutigen Situation führen sie ins Nirgendwo. **Ihr müßt neues Denken erlernen und euch neue Denkpfade erschließen, die euch in eine neue Wirklichkeit führen.** Die Ätherebene oder das Quantenfeld kann durch eure Gedanken neu programmiert werden, nur der Schritt aus euren alten Denkmustern und Determinierungen heraus macht euch Angst.

Hier beginnt nun die viel gepriesene Kultur des Loslassens. Wenn auf der Bühne eures Lebens die alten Muster wieder ablaufen, die alten Probleme sich immer wieder neu stellen, dann dürft ihr ihnen keine Energie mehr geben. Seid einfach nur Beobachter des Geschehens und ergreift diesmal nicht auf emotionale Weise Partei, weder für euch noch für einen anderen. Ein Muster im Quantenfeld, das nicht mehr durch eure Emotionen gestützt wird, verliert an Energie und bricht in sich zusammen. Zieht ebenso die Gedanken von belastenden Situationen weg. Ihr sollt sie nicht ins Unterbewußtsein verdrängen, sondern durch gedankliche und emotionale Ruhe die Schwingungswelle, die sich euch als dreidimensionale Wirklichkeit präsentiert, zum Verschwinden bringen. Das erfordert Aufmerksamkeit und Disziplin von euch.

Auch die Vorstellung (Visualisierung) von violettem, strahlend weißem oder goldenem Licht während eurer Meditation kann euch eine Ruhepause im ewig bewegten Schwingungsmeer eurer Gedankenmuster verschaffen.

Aber die eigentliche Arbeit beginnt im Alltag, immer dann, wenn ihr mit sogenannten schwierigen Situationen konfrontiert seid. Genau hier gilt es, das Momentum der Ruhe und der Beobachtung einzuhalten und sich nicht auf ein destruktives Programm einzulassen. Ihr dürft euch nicht von einer bequemen emotionalen Strömung mitreißen lassen. So trocken euch diese Übung auch erscheint, sie ist die Voraussetzung für eine positive Veränderung eurer Lebensumstände.

Wir Engel des Ätherelements bilden die Grundlage dieser Gedankenenergie. Immer wieder werden Elektronen durch die Sonne aufgenommen und gereinigt. Ständig steht euch also ein Elektronenmeer zur Verfügung, durch das ihr neue Welten aufbauen könntet.

Ihr haltet es für selbstverständlich, denken zu können oder Gedanken zur Tat werden zu lassen. Aber es ist nicht selbstverständlich. Hinter diesem Geschehen stehen Kraftfelder, die euch so nahe sind, daß ihr sie gar nicht als solche erkennen könnt. Gigantische Mengen an Elektronen werden durch euer gemeinschaftlich verschränktes Denken und durch eure tief verwurzelten Überzeugungen zu der Welt aufgebaut, die euch umgibt. Es fällt euch immer schwer, euch von einem einmal festgehaltenen Gedankencluster zu entfernen, um etwas ganz Eigenes und Neues aufzubauen. Ihr neigt dazu, euch an bestehende Gedankenfelder anzuhängen, und diese verhängnisvolle Anlage wird von bestimmten Kräften in eurer Gesellschaft dazu benutzt, euer Denken und eure Überzeugungen niemals einen vorgegebenen Rahmen überschreiten zu lassen.

Symbol des Ätherelements

Wir Engel des Ätherelements stehen bereit, neue Gedankenkeime, die eine veränderte Welt entstehen lassen können, so lange zu hegen, bis sich das kollektive Denken langsam umstrukturiert hat und diese Gedankenkeime für euch alle fruchtbar werden können. Kein Gedanke eines Pioniers geht verloren, jede positive Idee eines Menschen kann irgendwann zur Verwirklichung kommen. Oft ist das kollektive Denken noch nicht aufnahmefähig für eine Idee, aber sie geht niemals verloren, auch das ist die Aufgabe der Engel des Ätherelements. Du kannst dich mit uns über das Symbol des violetten Ovals mit der Krone in Verbindung setzen.

Das menschliche Vierkörpersystem in Verbindung mit den platonischen Körpern und den Sternformen

Die fünf platonischen Körper und die dazugehörigen Sternformen sind sowohl Symbole als auch Verschlüsselungen für euer Vierkörpergefüge und den Kausalleib. Die Eckpunkte der Sterne oder der Platonischen Körper sind durch Kraftfeldlinien miteinander verbunden und bilden dadurch eine natürliche Abschirmung gegenüber dem alles durchdringenden kosmischen Licht.

Eine enorme Kraft ist nötig, die kosmische Strahlung so zu filtern, daß für euch eine dreidimensionale Welt mit Raum-Zeit-Gefüge entsteht. So ist eure Welt eigentlich ein mit großem Aufwand verbundenes Kunstwerk.

Bei all diesen komplizierten geometrischen Körpern, aber auch bei den einfachen Sternformen ist es wichtig, euch nicht einfach Formen vorzustellen, die euch fest und geschlossen umgeben, sondern stellt euch die Eckpunkte dieser Modelle wie Sonnen vor, die sich gegenseitig zarte Kraft- und Lichtströme zusenden.

Menschlicher Lichtstern

Diese Kraft- oder Eckpunkte entstehen durch eine bewußte und schmerzhafte Trennung vom Urlicht. Sie stehen in einer bestimmten göttlichen Ordnung zueinander. Ihre irdischen Spiegelbilder sind die platonischen Körper, die eher Schattenrisse dieser kosmischen Mächte darstellen.

Die unterschiedlichen Kraftfeldlinien zwischen den Eckpunkten der platonischen Körper bilden Filter, die zwischen euch und eurer Seele oder dem

ICH BIN, dem Urlicht, stehen. Diese Filter benötigt ihr, um im dreidimensionalen Raum zu leben.

Die seelische Dunkelheit, die ihr manchmal empfindet, hat aber nichts mit diesen natürlichen Lichtbrechungen zu tun, sondern sie entsteht durch den Mißbrauch des ständig strömenden Lichtes, durch negative Gedanken, Worte und Taten.

Für euch ist es hilfreich genau zu wissen, welcher eurer niederen Körper innerhalb welcher Sternform oder welchem platonischen Körper schwingt.

Der physische Körper,
die Würfelform und der Achtstern

Der physische Körper konstituiert sich innerhalb eines würfelförmigen Kraftfeldes. Gut geerdete Menschen brauchen sich mit der Form des Würfels und dem eingezeichneten gleichschenkeligen Kreuz und dem dazugehörigen Achtstern nicht zu beschäftigen. Aber allen anderen raten wir, am Morgen folgende Übung zu machen.

ÜBUNG:
Stellt euch kerzengerade hin. Imaginiert eine Würfelform um euch. Die Mittelachse dieses Würfels seid ihr. In der Höhe eures Steißbeins verläuft die Querachse zu diesem Würfel. Zeichnet sie in Gedanken ein. Versucht auch, die Diagonalen von allen Ecken aus zu ziehen. Sie kreuzen sich ebenfalls in eurer Körpermitte. Füllt jetzt den Würfel in eurer Vorstellung mit der Farbe des passenden Monatsengels oder mit der Farbe des Stundenengels. Dies ist eine sehr wirkungsvolle morgendliche Erdungsübung.

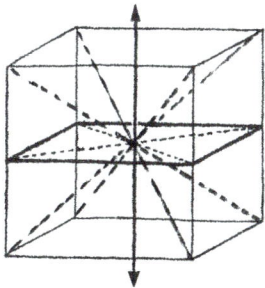

Würfelmodell des Erdelements, in dessen Mittelachse sich der Mensch befindet

Der Achtstern steht für die acht Eckpunkte des Würfels und kann in der Meditation ebenfalls zur Stärkung des physischen Feldes eingesetzt werden. Stellt ihn euch in all jenen Farben vor, die ihr benötigt, oder mit den Farbstrahlen, die innerhalb des Erdelements liegen: silber-weiß, opalfarben und magenta.

Achtstern

Der ätherische Körper, das Oktaeder (die Viereckspyramide) und der Fünfstern

Da der ätherische Körper, wie wir dir an anderer Stelle erklärten, sehr oft Irritationen ausgesetzt ist und viele gesundheitliche Störungen damit verbunden sein können, geben wir euch zuerst eine Übung zur Beruhigung und Zentrierung des ätherischen Körpers.

ÜBUNG I:

Diese Übung zur Zentrierung kannst du sehr gut am Boden liegend machen, nachdem du ein paar entspannende Yogaübungen vorausgeschickt hast.

Strecke deine Arme und Beine, so daß sie zusammen mit dem Kopf einen Fünfstern bilden, und errichte in Gedanken einen Fünfstern um deine liegende Gestalt. Imaginiere einen Punkt etwa dreißig Zentimeter über deinem Kopf und spüre die pulsierende Energie dort.

Lenke dann einen Strahl hinunter zu deinem linken Bein, spüre an deinen Fußsohlen wieder die vibrierende Energie, lenke jetzt den gedachten Strahl zu deiner rechten Hand.

Wenn du die Energie in der Handfläche spürst, führe die Energielinie hinüber zur linken Hand, von hier zum rechten Fuß hinunter und schließe den Fünfstern, indem du den Energiestrahl wieder hinauf zum Kopf führst.

Du solltest, nachdem du dies langsam und genau vollzogen hast, starke Energiebälle an Händen und Füßen und über deinem Kopf wahrnehmen.

Spüre diese Energien, solange es dir angenehm ist. Löse diese Übung auf, indem du liegend deine Beine überkreuzt. Das rechte Bein über das linke. Lege dann die linke Hand über die Brust und die rechte Hand darüber (Herzpunkt). Konzentriere dich jetzt wieder auf deine mittlere Energielinie des goldenen Strahls, wenigstens einige Minuten lang.

Diese Übung ist sehr erfrischend, harmonisierend und wohltuend.

Nach einiger Zeit des Übens könnt ihr die Übung auch noch ausweiten und mit einer weiteren stabilisierenden Komponente versehen:

Übung II:
Wenn ihr den Fünfstern am Boden liegend geformt habt und ihr die Kraftfelder an Händen, Füßen und über dem Kopf gespürt habt, verbindet diese in eurer Vorstellung zu einem Fünfeck, vom Kopf ausgehend im Uhrzeigersinn. Zur Verstärkung könnt ihr zusätzlich noch von eurer Körpermitte aus Verbindungen zu den Ecken des Fünfecks herstellen. Haltet diese Vorstellung wenigstens ein paar Minuten.

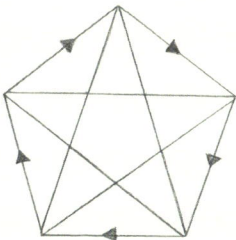

Ebenfalls stabilisierend für den ätherischen Körper ist das Oktaeder. Ihr könnt es euch für diese Übung halbiert als Viereckspyramide vorstellen.

Stellt euch vor, ihr steht in dieser Viereckspyramide. Die Spitze der Pyramide solltet ihr euch um ein gutes Drittel eures Körpers verlängert über eurem Kopf vorstellen. Jetzt könnt ihr euch alle Eckpunkte dieser Pyramide bewußtmachen und sie in eurer Vorstellung in einen der zwölf Farbstrahlen tauchen, dessen Qualität ihr gerade benötigt.

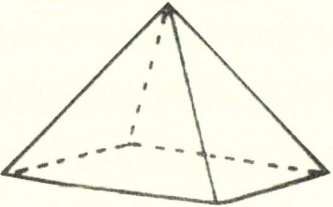

Haltet diese Vorstellung einige Minuten lang und sprecht mit uns:

Im Namen meiner **Gottgegenwart ICH BIN** rufe ich jetzt (zum Beispiel) die Engel des Wasserelements, mein Feld gemäß der göttlichen Blaupause wieder auszurichten und es so zu reinigen, daß das göttliche Licht auf vollkommene und optimale Weise meinen ätherischen Körper durchströmt, so daß mich göttliche Intelligenz, Inspiration und Weisheit ungehindert erreichen können.

Ihr könnt euch auch in die Mitte des Oktaeders stellen. Seine Spitze sollte sich etwa einen halben Meter über eurem Kopf befinden, die Mittellinie befindet sich wieder bei eurer Körpermitte und das untere Ende des Oktaeders ragt in den Boden hinein. Die Übung mit dem Oktaeder benötigt ihr dann, wenn ihr später nacheinander alle platonischen Schwingungskörper imaginiert.

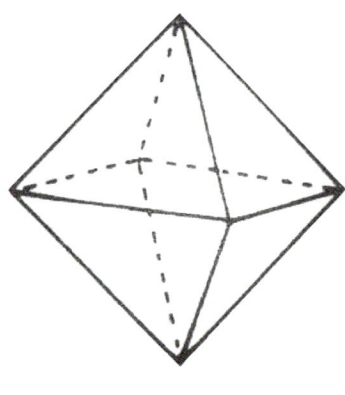

Oktaeder

Während das träge Erdelement oft kubische Formen annimmt (Wachstum der Steine), unterliegt das organisch Wachsende der Fünfzahl, repräsentiert durch den Fünfstern und die Vierkantpyramide. Die fünf Strahlungspunkte dynamisieren die Materie und beeinflussen euren ätherischen Körper. Die Fünfzahl findet ihr im Pflanzenwachstum, und sie ist das Zeichen alles Vegetabilen. Die Fünf steht mit dem Wasserelement in Verbindung, ohne das es auf eurer Welt kein organisches Leben gäbe. Euer ätherischer Körper schwingt mit dem Wasserelement und wird deshalb auch von den Mondphasen beeinflußt. Ebenso unterliegt er durch die Witterung (Nässe, Trockenheit, Kälte, Hitze) ständiger Veränderung.

Gesundheitliche Empfindlichkeit ist deshalb oft mit einer instabilen Ausrichtung der fünf Strahlungspunkte im ätherischen Körper verbunden. Macht in diesem Fall täglich die Übung mit der Vierkantpyramide (Übung III), und ihr werdet staunen, wie viel stabiler und unangefochtener ihr euren Alltag meistern könnt. Der Fünfstern, den ihr liegend um euren Körper zeichnen könnt, gilt als altes Schutzsymbol für den ätherischen Körper und hat seine Bedeutung nicht verloren. Er versiegelt ihn. Ihr könnt den Fünfstern auch als Schutzsymbol tragen. Aber wie alle Symbole wirkt es erst dann, wenn ihr es grundsätzlich verstanden habt.

Der Emotionalkörper, das Stern-Tetraeder und der Sechsstern

Sterntetraeder

Das Stern-Tetraeder, das aus zwei sich durchdringenden, gleichseitigen Dreieckspyramiden besteht, ist wahrscheinlich für die Imagination die schwierigste Figur. Darin spiegelt sich auch die Schwierigkeit, den Emotionalkörper zu meistern.

Die zweidimensionale Form des Tetraeders ist der Sechsstern. Auch hier durchdringen sich zwei Dreiecke und symbolisieren so die vollkommene Ausgewogenheit von Oben und Unten, Männlich und Weiblich, Hell und Dunkel. In der östlichen Symbolik wird durch das Yin-Yang Zeichen das gleiche ausgedrückt. Auf deinen Bildern tauchen beide Zeichen gleichberechtigt auf. Mit diesen Symbolen wird der Weg zur Meisterung des Emotionalkörpers gewiesen: **völlige Ausgeglichenheit und Gelassenheit und den Weg der Mitte finden.**

Sechsstern

Ihr müßt euch darin üben, bei jedem äußeren Ereignis auch die dazugehörige innere Dimension zu erkennen, am besten durch regelmäßige Meditation. Wenn diese Rückbindung nach innen nicht regelmäßig betrieben wird, lauft ihr Gefahr, euch in den äußeren Schwingungswelten zu verlieren.

Der emotionale Bereich ist dann schwierig für euch, wenn ihr einerseits nicht gut geerdet seid und andererseits euer ätherischer Körper (nicht zu verwechseln mit dem Ätherelement) geschwächt ist.

Viele von euch, die schon seit den atlantischen oder noch früheren Zeiten hier inkarnieren, haben bei den großen Katastrophen, zum Beispiel dem Versagen und dem Untergang der atlantischen Kultur, Verletzungen vor allem in ihren ätherischen Körpern davongetragen. Diese damaligen Kulturen haben unter anderem die Kraftströme des ätherischen Feldes für ihre Technologien benutzt. Da sie eigenmächtig und zerstörerisch waren, haben die Rückwirkungen ihres

Versagens die ätherischen Körper vieler Menschen verletzt. Alles was ihr jetzt unter dem Oberbegriff »Psychosen« zusammenfaßt und auch alle schwereren Formen neurotischer Störungen hängen mit Verletzungen des ätherischen Körpers zusammen. Die ätherische Ebene, die einmal wie ein klarer Spiegel, wie reines Quellwasser war, ist jetzt durch vieles verunreinigt. Jede Art von Geisterglaube, Krankheit, Ansteckung und Perversion hängt mit den karmischen Verstrickungen auf dieser Ebene zusammen (Büchse der Pandora).

Auch hochentwickelte Seelen müssen sich immer wieder mit diesem trüben Sumpf auseinandersetzen, weil sie über ihre oft verletzten ätherischen Körper damit verbunden sind. Deshalb haben wir die Übungen für den ätherischen Körper so ausführlich dargelegt, damit ihr hier ein Handwerkszeug findet, diese Ebene zu meistern.

Vergeßt nie, daß wir bereitstehen, euch bei der Heilung eures ätherischen Körpers beizustehen. Ist dies geschehen, so kann der Emotionalkörper sich endlich seiner eigentlichen Aufgabe widmen, nämlich **das Gefühl der Glückseligkeit** auszudrücken. Er ist von seiner Anlage her ein Resonanzkörper für Freude, die dann zum Beispiel über die Stimme als Gesang, über den Körper als Tanz und über die Hände durch das Formen schöner Dinge zum Ausdruck gebracht werden kann.

Der Mentalkörper, das Ikosaeder und der Zehnstern

Der dem Dodekaeder nächstliegende innere Körper ist das Ikosaeder. Um es euch besser vorstellen zu können, ist es hilfreich, es aus dem Dodekaeder zu konstruieren oder zu versuchen, diese Konstruktion gedanklich nachzuvollziehen.

Übung:
Ziehe zwei Mal das Lot auf einer der Fünfeckflächen des Dodekaeders, so hast du deren Mittelpunkt gefunden. Verfahre so mit allen zwölf Flächen des Dodekaeders. Die Mittelpunkte aller Fünfecke sind die Eckpunkte des innewohnenden Ikosaeders. Es ergeben sich daraus zwanzig gleichseitige Dreiecke, die das Ikosaeder bilden. Versuche zuerst eine klare schematische Form des Ikosaeders in deiner Vorstellung zu halten. Am besten, du konstruierst selbst einen. Danach solltest du langsam versuchen, ihn dir als oszillierendes Strahlungsgebilde vorzustellen.

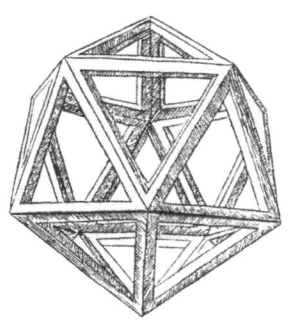

Ikosaeder

Obwohl das Ikosaeder dein ganzes Körperfeld umschließt, beeinflußt es deinen Kopf in besonderem Maße, also deine Gedankentätigkeit und, mit dieser verbunden, eine Vielzahl von körperlichen Zuständen. Ein Fraktal des Ikosaeders umgibt deinen Kopf. Je höher das Ikosaeder schwingt, desto besser kann dein Intellekt, dein Geist, die ursprüngliche Wahrheit Gottes, die Ideenwelt der göttlichen Intelligenz empfangen. Diese Ikosaederform wirkt auf deine am Kopf liegenden Sinnesorgane, also Gehör-, Gesichts-, Geruchs- und Geschmackssinn. Gemäß den zwanzig Dreiecken des Ikosaeders hast du am Kopf über oder um deine Sinnesorgane empfängliche Zonen für die Schwingungsfelder des Ikosaeders. Bei vielen Menschen schwingt das Ikosaeder zu langsam, um auch nur schattenhaft eine höhere Welt wahrnehmen zu können, oder die Ikosaederform ist verzerrt.

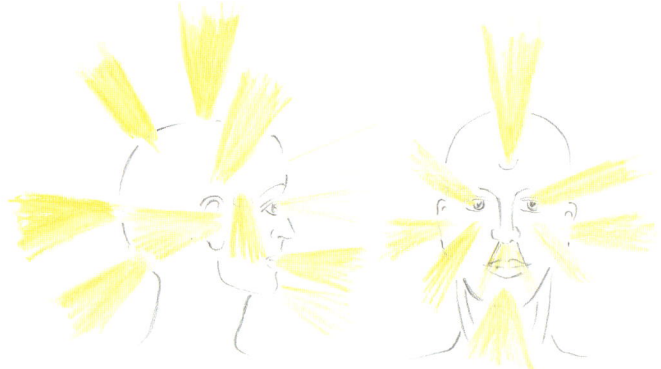

Die zwanzig Einflußsphären des Ikosaeders am Kopf: über den Augen, an den Schläfen, an den Nasennebenhöhlen, Mitte der Nase, Nasenöffnung, Mund, Kinn, an den Ohren, hinter den Ohren, oberhalb der Ohren, oberer, mittlerer und unterer Hinterkopf, Krone

Drogen können vorübergehend eine schnellere Schwingung des Ikosaeders auslösen, so daß andere Welten wahrgenommen werden können. Sind aber der Mental- und Emotionalleib noch nicht bereinigt und der ätherische Körper verletzt, kann das buchstäblich zu einem Ausflug in die Hölle werden.

Eine künstlich angeregte Erhöhung der Vibration der platonischen Schwingungskörper, während ihr euch nicht gleichzeitig mit Hilfe der Elemente-Engel reinigt, kann sehr gefährlich sein. Es nützt auch nichts, nur einen einzigen Schwingungskörper anzuregen, sondern ihr müßt gleichzeitig an allen platonischen Schwingungskörpern arbeiten. Wenn euer Mentalkörper anfängt, höher zu schwingen, müssen auch der Emotional- und der physische Körper neue Verhaltensweisen und Muster annehmen. Aber keine Angst bei unseren Übungen. Sie schützen eure Schwingungskörper, und es geht darum mit Hilfe der Übungen mehr Freude und Lockerheit, Bewußtheit und Intuition in euer Leben zu integrieren.

Wenn ihr euren Mentalkörper reinigen wollt, dann solltet ihr euch die zwanzig Einflußpunkte am Kopf ansehen. Sie entsprechen ungefähr dem, was ihr euch unter kleinen Chakren vorstellt, nämlich einer Bündelung von Strahlung, die auf euer Nerven- und Neuronengeflecht einwirkt. Ihr könnt weiß-goldenes Licht zu jedem dieser Punkte senden.

Die Hektik, in der ihr oft steckt, hängt mit dem zu langsam schwingenden Ikosaederfeld zusammen. Das klingt im ersten Moment wie ein Widerspruch. Aber je höher der Ikosaeder schwingt, desto klarer können sich die zeitlosen Ideen Gottes in eurem Denken und Fühlen manifestieren. Alle Widerstände, die ihr in eurem Leben selbst erschafft, hängen mit dem verzerrten oder zu langsam schwingenden Ikosaeder zusammen. Wenn sich euer Leben zu harmonisieren beginnt und immer weniger Widerstände auftauchen, so ist dies ein Zeichen dafür, daß der Ikosaeder sich wieder rekonstruiert und ihr den harmonischen Fluß göttlich inspirierten Geschehens auf dem Bildschirm eures äußeren Seins empfangt. Meditation und Ausrichtung ins Göttliche, Gebet und Nächstenliebe sind ebenfalls Königswege, um den Mentalkörper auszuheilen. Auch frische Luft klärt euren Mentalkörper.

Hartnäckig sich wiederholende Gedankenmuster, Sorgen und Fixierungen sind Zeichen, daß ihr euch eures Mentalkörpers annehmen solltet.

Eure Sinnesorgane sind Einfallstore für den Mentalkörper. Ohren, Augen, Geruchs- und Geschmackssinn sollten langsam zu immer feinerer Wahrnehmung erzogen werden.

Wenn der Mentalkörper nicht göttlich ausgerichtet wird, gibt er euch ständig falsche Botschaften und Interpretationen eurer Umwelt, und ihr seid nicht

Zehnstern

in der Lage, klar zu erkennen, was eure Aufgabe in diesem Leben ist. Ihr befindet euch in Verwirrung und schätzt euer jeweiliges Gegenüber falsch ein. Ihr könnt erst dann durch die Schleier eurer selbst aufgebauten Welt treten, wenn ihr euer mentales Feld bereinigt und beruhigt habt.

Wenn der ständige Strom sich abwechselnder Gedanken und ihre Muster sich so durchlichten, können langsam die Konturen des göttlichen Seins in euer Wahrnehmungsfeld treten. Das ist der Paradigmenwechsel, auf den ihr hinarbeiten solltet.

Statt des schwierig zu imaginierenden Ikosaeders könnt ihr euch am Anfang auch den Zehnstern vorstellen. Er symbolisiert die Manifestationskraft der Zehn, also der Kraft, die eurer Gedankentätigkeit innewohnt, auch wenn ihr euch des Umfangs dieser Kraft noch nicht bewußt seid.

Die Kausalebene, das Dodekaeder und der Zwölfstern

Das Dodekaeder entspricht dem Kausalkörper des Menschen und gehört nicht mehr zum niedriger schwingenden Vierkörpersystem. Er steht der Kugelform am nächsten, die schon immer mit der göttlichen Sphäre der Vollkommenheit assoziiert wurde.

Ihr Menschen seid eigentlich gestaltloses Urbewußtsein. Wir wissen, daß dieser Gedanke euch Angst macht, da euer Bewußtsein eng mit eurem Erdenkörper verknüpft ist und ihr euch eine körperfreie Existenz kaum vorstellen könnt.

Unsere folgenden Erklärungen werden dir zwangsläufig schematisch erscheinen, weil sie sich dem Schwingungsfeld eures Denkens anpassen müssen.

Stell dir dein ursprüngliches Sein als einen Bewußtseinspunkt vor. Bewußtsein ist raumlos, kann sich aber jeden Raum und jegliche Ausdehnung schaffen.

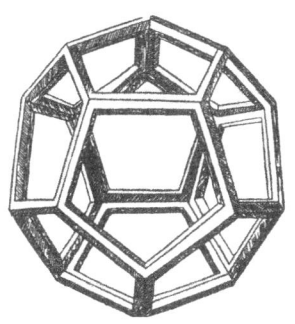

Dodekaeder

Für diesen individuellen Bewußtseinspunkt ist es ein Vergnügen und ein Spiel, sich immer neue Formen zu erfinden. In dem Moment, wo Bewußtsein formschaffend wird, entsteht Licht. Das Bewußtsein, das **ICH BIN**, das sich im Spiel des Lichts selbst erfährt, ist der ganze kosmische Prozeß. Um Bewußtsein mit der menschlichen Form bzw. Gattung zu vereinen, durchläuft das Bewußtsein einen komplizierten Prozeß der Lichtbrechung. Es teilt sich zuerst in zwei **Urlicht**- oder Supralichtstrahlen.

Jeder dieser Strahlen fächert sich vielfach auf. Ein Aspekt des Bewußtseins verbleibt im Unmanifestierten, das man in anderen Kulturen auch als Ätherebene bezeichnet. Auf seinem Weg in die Erdverkörperung erfahren diese harmonischen Lichtbrechungen, die du dir wie einen vollkommenen Stern, ein leuchtendes Juwel, vorstellen kannst, gewisse Beeinflussungen, Ablenkungen oder Behinderungen ihrer Strahlkraft. Einige Farbstrahlen treten stärker hervor, andere werden abgelenkt oder geschwächt. Diese Besonderheiten übertragen sich später auf das jeweilige Menschenwesen, das diesen Bewußtseinsstern widerspiegelt. Dieser Bewußtseinsstern sucht so lange immer wieder eine neue Verkörperung, so lange er sich eine spezifische Aufgabe gesetzt hat.

Wir wissen, daß diese Darstellung viele Fragen aufwirft und auch Lücken hat. Wir stellen dir dieses Modell vor, um dir die Lichtbrechungen zu erklären, die eigentlich aus der einen Quelle stammen, sich aber in deinem Körper als ein System von Lichtbrechungen, auch Chakren genannt, widerspiegeln, die mit bestimmten Eigenschaften und Aufgaben verbunden sind.

Die drei unteren Chakren unterliegen dem Erdelement, symbolisiert auf deinen Bildern als gelbes Quadrat. Vom Basis-Chakra bis zum Solarplexus unterstehen die Chakren dem Wasserelement, symbolisiert auf deinem Bild durch den silbernen, liegenden Mond. Die nächsten drei Chakren unterliegen dem Feuerelement, das durch ein rotes gleichseitiges Dreieck dargestellt wird. Die letzten drei Chakren gehören dem Luftelement an, symbolisiert durch den blauen Kreis.

Wenn euer Weg zurück ins Licht geht, so vereinheitlicht ihr die Strahlen. Die Strahlung wird kohärent, und ihr faltet euren Lichtschirm gewissermaßen wieder ein. Das Licht sammelt und vereinheitlicht sich und bündelt sich zu einer Aufstiegsflamme. Diesen Prozeß gestaltet ihr entweder freiwillig oder unfreiwillig in eurem Leben. Entweder durch Schranken, die euch scheinbar von außen auferlegt werden, oder durch freiwilligen und bewußten Verzicht. Durch diese Beschränkung vereinheitlicht ihr euch. Der Erdenkörper wird dann mit abgelöstem Karma zurückgelassen, oder er wird mit der Aufstiegsflamme erhoben. In der nächsten Zeit werden viele Menschen auf Erden diesen Prozeß erfahren. Für einige läuft die Zeit der Erdenverpflichtung ab, andere werden die Aufgabe übernehmen, sich für einen weiteren Zyklus mit der Erde zu verbinden. Mit deinem Intellekt hast du keinen Einfluß auf diesen Prozeß. Es ist eine Entscheidung deiner Seele.

Die Ätherebene ist eine Ebene vollkommener Glückseligkeit, die Sättigung aller jemals gedachten Wünsche und Vorstellungen. Für euch ist es schwer zu verstehen, was und wo diese Ebene ist, weil ihr euch aus euren raumzeitlichen Vorstellungen nur im Traum oder in der tiefen Meditation befreien könnt. Diese Ebene liegt ein paar Impulse oder Schwingungen neben oder in euch, über oder unter oder in euch. Ich sage das bewußt so, um dich von deiner Raumvorstellung wegzuführen. Stell dir ein kleines Kind im Spiegelkabinett vor. Es vergißt, daß es auf festem Boden steht, es sieht sich in den Zerrspiegeln, erschrickt, hält das für die Wirklichkeit und folgt den Spiegeln ins Labyrinth. Ebenso verwirrt sich die Seele in Schwingungs- oder Bewußtseinszuständen. Selbst ein euphorischer oder ekstatischer Bewußtseinszustand entspricht nicht dem eigentlichen Seelenselbst.

Der Mental- oder Gedankenebene des Menschen entspricht das Luftelement. Hier wird sich die Seele ihrer selbst bewußt. Sie gliedert sich in die großen kosmischen Ordnungsströme ein, erfährt sich in vielen Bewußtseinszuständen, leichteren und schwereren. Erfahrene Seelen suchen immer nach neuen Herausforderungen und Ausdrucksformen.

An den Gestaden des Lichtuniversums liegen die Sonnen, die mit ihren Planetensystemen schon eine Form von Verdichtung sind. In diesen verdichteten Teilen des mehrdimensionalen Universums gibt es Wesenheiten, die versuchen, Ordnungssysteme zu errichten, die von den göttlichen Intentionen und Liebesgeboten abweichen. Wenn eine Seele in diese Teile des Universums geht, in die Welten unterhalb der siebten Dimension, so gerät sie unweigerlich in die Spiegelkabinette.

Wegen der Aberration (Abirrung) des **Urlichts** werden der Seele Vexierbilder der Wirklichkeit dargeboten, die nicht der göttlichen Wahrheit entsprechen.

Zwölfstern

Das göttliche **Urlicht** wird benutzt, um Welten darzustellen, die ursprünglich niemals der göttlichen Wahrheit und Intelligenz entsprangen. Da das göttliche **Urlicht** aber mit Liebe und Intelligenz versehen ist, läßt es sich nicht zu negativen Formen mißbrauchen. Das ist der Grund, warum auf bestimmten Welten alles so schnell wieder zerfällt, sich Kulturen nicht lange halten können und Menschen viel zu schnell altern und zerfallen.

Die göttliche Wahrheit ist ewig, einfach und beständig, und nur insoweit ein System an ihr Anteil hat, bleibt es bestehen.

Durch das, was die Seelen in diesen Fallwelten zu sehen meinen, geraten sie in Verwirrung und verschlimmern durch ihre Gedanken ihre Situation. Da die Gedanken jedes Wesens auf das sie umgebende Photonenfeld wie ein Befehl wirken, erschaffen verwirrte Gedanken noch mehr verwirrte Bilder, die wiederum für die Seele erschreckend wirken.

Deswegen raten wir euch immer wieder, mit Gelassenheit auf alles zu reagieren, was von der Außenwelt auf euch zukommt. Ist es eine negative Erfahrung, enthält sie keinerlei göttliche Wirklichkeit und zerfällt zwangsläufig. Wir sehen, wie immer wieder neue Suggestionen entstehen, die sich wie Hologramme des Schreckens vor euer Bewußtsein stellen. Geht einfach hindurch!

Prüft und lernt zu unterscheiden, was Wirklichkeit ist und was aus einer abgeleiteten und fehlgeleiteten Quelle euch wieder einmal aus der Fassung bringen möchte. Um euer Bewußtsein aus den Schlingen bzw. aus den künstlichen Hologrammen dieser Welt zu befreien, müßt ihr euer Unterscheidungsvermögen einsetzen.

Hat eine Sache Licht und innere Strahlkraft, so vertraut auf die göttliche Quelle, die dahintersteht. Wenn etwas blendet, schillert oder deformiert ist, verwirrend oder abstoßend, so kommt es nicht aus der göttlichen Quelle, sondern ist falsch genutztes Licht, und diese Form löst sich wieder auf, wenn ihr sie nicht gedanklich festhaltet. Seid zuversichtlich, daß ihr immer schneller das

Wahre vom Falschen trennen könnt. In der augenblicklichen Hysterie eurer Welt, wo jeder Tag neue Fantasien und Illusionen gebiert, ist das eine gute Übung. Wenn euch die Imagination des Dodekaeders zu schwer fällt, könnt ihr euch ebenso gut einen Zwölfstern vorstellen.

Die Visualisierung der platonischen Körper

Unser Ziel ist es, daß ihr den strahlenden Bewußtseinsstern erfaßt, der ihr in Wirklichkeit seid, denn dann seid ihr völlig autark darin, euch zu jeder Zeit die Dinge zu manifestieren, die ihr benötigt. Dabei ist es wichtig, eure Aufmerksamkeit immer wieder auf die konstitutiven Tatsachen eures Seins zu lenken, denn nur dadurch könnt ihr zu innerer Klarheit gelangen.

Betrachtet die platonischen Körper und stellt sie euch als flirrende, irisierende Lichthüllen vor, die euch umgeben. Diese Vorstellungen helfen euch, aus euren selbst geschaffenen Dramen aufzutauchen und ein Stück göttlicher Wahrheit zu erhaschen. **Erkenne dich selbst, und du wirst frei sein!**

Die zwölf göttlichen Einstrahlungen, die durch das Dodekaeder repräsentiert werden, werden im Mentalkörper durch das Ikosaeder nochmals aufgefächert. Zwölf mal zwanzig, also zweihundertvierzig Mal. Auf diese Weise setzt sich die Auffächerung der Farbstrahlen fort bis zu eurem dreidimensionalen physischen Körper. Du lebst und webst also in einem tausendfältigen Schwingungsgeflecht.

Um wieder zur göttlichen Klarheit zu gelangen, ist es hilfreich, gedanklich zurückzugehen und sich auf die ersten zwölf Lichtbrechungen zu besinnen, die du dir durch das Dodekaeder so wunderbar versinnbildlichen kannst.

Wenn du dich in der Vorstellung der einzelnen platonischen Körper geschult hast, ist die nächste Stufe der Imagination die, daß du dir vorstellst, wie diese fünf Körper ineinandergreifen, ähnlich wie die russischen Puppen, die ihr als Kinder gerne auseinandergeschraubt habt. Die fünf Schwingungskörper kreisen in unterschiedlichen Bewegungsabläufen um eine mittlere Nabe, nämlich deine goldene spirituelle Achse. Das Ikosaederfeld dreht sich nach links, und wie wir euch schon darstellten, meistens viel zu langsam, um höhere Dimensionen wahrnehmen zu können. Je langsamer das Ikosaederfeld in seiner Drehbewegung nach links schwingt oder sogar eine Drehbewegung nach rechts aufweist, desto offener ist dieser Mensch für alle Arten von Depression, verrückten Einbildungen und herabziehenden Gedankenfeldern.

Schematische Darstellung der ineinander verwobenen platonischen Körper

Wenn ihr bei euch deprimierende Gedanken bemerkt und Lustlosigkeit in Bezug auf euer Leben, dann versucht bitte, das euch umgebende Ikosaederfeld, vor allem das Fraktal um euren Kopf, in einer starken Drehbewegung nach links zu imaginieren. Ihr werdet merken, wie schnell ihr euch dabei von niederziehenden Gedankenfeldern ablösen könnt. Ein schnell nach links rotierendes Ikosaederfeld macht euch immun gegen die negativen Gedanken eurer Umgebung. Um das Ikosaederfeld auszurichten und zu stärken, müßt ihr aber regelmäßig diese Imagination üben.

Das Tetraederfeld, das dem Emotionalkörper angehört, hat bei den meisten Menschen zwei Drehrichtungen. Die aufwärts strebende Dreieckspyramide dreht sich nach links, die nach unten strebende nach rechts.

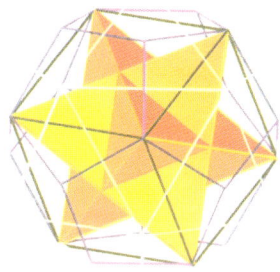

Verschränkung von Dodekaeder, Ikosaeder und Tetraederstern

Auch das Oktaederfeld eures ätherischen Köpers und das Würfelfeld eures physischen Körpers drehen sich meist beide nach rechts. Das Würfelfeld eures physischen Körpers dreht sich langsam, einmal in vierundzwanzig Stunden um sich selbst und schwingt dabei normalerweise gemäß dem Erdfeld. Euer ätherischer

Körper pendelt zwischen den natürlichen Rhythmen eurer Umwelt und dem Rhythmus eures emotionalen Feldes hin und her.

Euer Ziel sollte es sein, bei all diesen Feldern eine Bewegungsrichtung nach links zu erzielen. Wenn es euch gelingt, die Drehbewegung eurer feinstofflichen Felder nach links zu imaginieren, müssen sich eure – zum Teil deformierten – Felder wieder zu ihrer ursprünglichen Ausrichtung hin entfalten. Dies gelingt nur über ausdauernde Übung und Vorstellung.

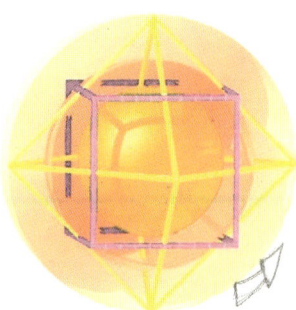

Verschränkung von Kubus und Oktaeder

Stellt euch zuerst die platonischen Körper einzeln vor Augen, und versucht sie euch nach links drehend vorzustellen. Stellt sie euch zart und lichtvoll vor. Dann stellt euch gedanklich in ihre Mitte und versucht die Vorstellung von einer Drehung nach links beizubehalten. Die Felder der platonischen Körper erstrecken sich wie ein Fraktal bis zur kleinsten Zelle, ja bis zu jedem Atom eures Körpers. Auf diese Weise verändert ihr den »Spin« (Drehwirbel) eures atomaren Aufbaus und durchlichtet euren ganzen Körper. Am besten übt ihr jeden Tag ein paar Mal nur wenige Minuten, bis es euch gelingt, die Vorstellungen über einen längeren Zeitraum aufrechtzuerhalten.

Nur wenigen Menschen gelingt es im Laufe eines Lebens auf natürliche Weise zu einer Umpolung ihres Tetraederfeldes zu kommen, bei der die nach unten gerichtete dreiseitige Pyramide ebenfalls anfängt sich nach links zu drehen. Meist schaffen dies nur Personen mit bedingungsloser Herzensgüte.

Wenn es euch gelingt, die Drehung des Oktaederfeldes und des würfelförmigen Feldes nach rechts zu verlangsamen, zu stoppen oder nach links umzupolen, so werdet ihr bemerken, daß ihr immer weniger dem natürlichen Schlaf-Wachrhythmus unterliegt und sich eure Zellen erholen und verjüngen.

Werden diese Felder von einem Menschen selbstverständlich beherrscht, die Drehrichtungen verändert, beschleunigt und wieder abgebremst, so kann dieser Mensch vor euren Augen verschwinden oder wieder in Erscheinung treten. Er hat dann also die Fähigkeiten, die einem Meister immer wieder zugeschrieben werden und die von vielen Augenzeugen bestätigt wurden.

Auf der Grundlage der Beherrschung von Feldern könnt ihr euch auch das Verhalten von Ufos erklären, die plötzlich auftauchen und ebenso schnell wieder verschwinden.

Für Wesen, die aus höheren Dimensionen zum ersten Mal in der dritten Dimension in Erscheinung treten wollen, ist das Abbremsen und Umpolen ihrer Felder eine ebenso knifflige Aufgabe wie für euch, die ihr euch langsam eine vierte und fünfte Dimension erschließen wollt.

Viele von euch sind aber alte Seelen, die den Prozeß hinreichend genug kennen und mit diesen Zeilen nur einer kleinen Erinnerungshilfe bedürfen.

Die Kraftfeldlinien der Schwingungskörper (platonische Körper) verändern durch die Drehung ihre gegenseitigen Beeinflussungen ständig. Dadurch entsteht der Fluß des Lebens, die ständige Veränderung. Was in deinem Vierkörpergefüge im Kleinen geschieht, geschieht ebenso im Großen, in eurem sichtbaren Universum. Auf dem Bildschirm deines Lebens findet ständig Veränderung statt, wie bei einem Kaleidoskop. Euer sichtbares Universum ist eine unglaublich großartige Lichtveranstaltung, in deren Mitte ihr euch selbst als Hologramm zur Darstellung bringt.

Ob und wie du diese Lichtveranstaltung wahrnimmst und wie du sie interpretierst, hängt mit der Klarheit deines Geistes zusammen, mit festgefahrenen Überzeugungen, Ängsten oder Fixierungen.

Durch die Rückbesinnung auf die ersten zwölf göttlichen Strahlungsfelder wollen wir dir einen Weg zeigen, wieder in deine geistige Klarheit zu finden.

Die Tätigkeit der Elemente-Engel ist jeweils an ein platonisches Schwingungsfeld geknüpft, und sie empfangen das für ihren Bereich spezifische Farbspektrum und arbeiten mit den formgebenden Engelkräften zusammen.

Für die Reinigung eures Vierkörpergefüges sind sie eminent hilfreich. Sie können alles entfernen, was euch daran hindert, das göttliche Licht in Klarheit zu empfangen. Wenn ihr mit den platonischen Körpern experimentiert, werdet ihr wahrscheinlich erfahren, daß der eine oder andere Körper euch Schwierigkeiten bereitet. Entweder habt ihr Probleme, ihn zu imaginieren, und ihr könnt seine Ausdehnung um euch nicht feststellen, oder er erscheint euch verzerrt, schwankend oder eiernd. Das kann mit Verletzungen eurer feinen Schwingungskörper zu tun haben, die ihr vielleicht schon seit vielen Leben mit euch herumschleppt. Ruft hier die Engel des entsprechenden Elementes um Hilfe. Sie können die Kraftfeldlinien um euren Körper wieder ausrichten. Da sie diese Schwingungsebene repräsentieren, sind sie die idealen Heiler hierfür.

Frage: In welchen Farben soll ich mir die platonischen Felder vorstellen?

Antwort: Welche Farben in eurem sternförmigen Strahlungsleib vorherrschen, bleibt eure persönliche Entscheidung, denn ihr seid alle einmalige Individuen. Um die feinstofflichen Strahlungskörper zu heilen, können bestimmte Farben allerdings günstig sein. Für das Ikosaeder ist das Violett, für das Tetraeder Rosa-Gold, für das Oktaeder Grün und für den Würfel Gold.

Die vier Elementekörper in den heilenden Farben

Wenn ihr lange genug übt, verschmelzen die Strahlungsfelder in eurer Vorstellung, und ihr seht nur noch ein rotierendes Lichtfeld um euch. Um dieses Lichtfeld stabil zu halten, ist es notwendig, vorher mit dem goldenen Strahl zu arbeiten, der ja eure Achse darstellt. Solange dieser Strahl noch zwischen Kopf und Herzbereich gestaut ist, könnt ihr auch das Lichtfeld eurer Strahlungskörper nicht lange stabil halten, es schwankt und eiert.

Bei einer Übungsabfolge mit den platonischen Strahlungskörpern solltet ihr deshalb am Beginn eine Visualisierung des goldenen Strahls eure spirituelle Achse setzen.

Auch wenn euch die Übungen am Anfang schwerfallen, sie sind es wert, denn nur wenige Minuten am Tag können euch von den vielen niederdrückenden Gedankenfeldern befreien, denen ihr euch täglich gegenübersetzt, und ihr seid in jeder Hinsicht optimal geschützt. Vor langer Zeit gab es Kulturen auf dieser Erde, in denen alle Menschen ihre feinstofflichen Felder perfekt beherrschten und damit jeden Ortswechsel vornehmen konnten. Es war für sie so selbstverständlich wie für euch, von einem Zimmer in das andere zu gehen.

Zum Schluß noch ein Trost an all jene, die Schwierigkeiten haben, sich die platonischen Schwingungskörper vorzustellen. Um eine Heilung der feinstofflichen Körper zu bewirken ist nur der Ruf nach Hilfe notwendig. Erfreut euch an den zwölf Farbstrahlen und überlaßt die Heilungsarbeit den Elemente-Engeln.

Über die Gedanken

Ihr habt jetzt gelernt, wie ihr ein hochschwingendes Feld aufbauen könnt, das euch gegen belastende Gedankenfelder schützen kann. Aber am Anfang seid ihr noch nicht so weit, dieses Feld in eurem Alltag ständig halten zu können. Seid also wachsam gegenüber allen Gedanken, die bei euch Einlaß begehren. Vor allem hütet euch vor Gedanken des Urteilens und Verurteilens anderen gegenüber. Mit derartigen Gedanken reduziert ihr sofort die Rotationskraft eures Feldes. Ihr schwingt sofort langsamer, und negative Gedankenfelder können sich einklinken.

Das kann leider sehr schnell gehen, und ihr fragt euch, wie euch euer augenblickliches Hochgefühl wieder abhandengekommen ist. Die Neigung zur Verbrüderung unter einer negativen Gedankenglocke ist leider eine Angewohnheit, die euch immer wieder zu schaffen machen wird, solange ihr die Zusammenhänge nicht klar erkennt. Seid bitte wachsam und bewußt. Ihr könnt jederzeit einen anderen Menschen in euer aufbauendes Feld mit hineinnehmen, aber ihr müßt dies bewußt tun. Steht ihr einem Menschen mit einem langsamen, rechtsdrehenden Feld gegenüber, hat das eine Bremswirkung für eure eigene Schwingung, und eure Hochstimmung verfliegt langsam. Die Gedankenfelder eures Gegenübers haken sich bei euch ein. Ihr habt dann zwar eine Verbrüderung auf dem gemeinsamen kleinsten Nenner, aber weder konntet ihr dem anderen helfen noch euer Selbst in dieser Situation bewahren.

Der Schlüssel liegt hier in der Vermeidung des beurteilenden Denkens. Laßt das Gesagte an euch vorbeiziehen, ohne es in irgendeiner Form zu werten, und antwortet nur aus eurem Herzzentrum heraus. Nur so besteht die Chance, daß es dem anderen nach diesem Gespräch besser geht und euch nicht schlechter.

Die Zahlenlehre der Engel

Nicht nur Farben und Geometrien bestimmen euer Leben, sondern auch die Zahl. Warum und in welcher Form hat es für euch Sinn, euch mit den Zahlen zu beschäftigen?

So, wie der Farbe eine bestimmte Schwingung innewohnt, hat auch jede Zahl ihre nicht austauschbare Qualität. Eine Zahl als Qualität zu erforschen, ist ähnlich fruchtbar wie die Beschäftigung mit den Farbstrahlen.

Während die Farbstrahlen euer Leben lang hilfreiche Begleiter sind, könnt ihr aus den Zahlen Aufgabenstellungen herauslesen, die sich im Laufe eures Lebens verändern können. Aus dem Tag, dem Monat und der Jahreszahl eurer

Geburt könnt ihr die Grunddisposition für euer Leben herauslesen. Die Zahl des Geburtstages stellt den Hauptimpuls dar, die Zahl des Monats ist die Zielvorgabe und wird von den Engeln des jeweiligen Monats hilfreich betreut. Die Jahreszahl ist wie eine große Welle, die all die Seelen, die während eines Jahres geboren werden, miteinander verbindet. Bei der Jahreszahl steht die erste Zahl für den Grundimpuls des Jahrtausends, modifiziert durch die zweite Zahl.

Die beiden letzten Zahlen drücken die speziellen Impulse aus, die eine Inkarnationswelle während eines Jahres erfährt. Die Zahlen sind nicht nur eine Analogieebene für euer Leben, sondern es sind schaffende, gestaltende Kräfte und eine Aufgabenstellung für euer Leben.

Euer Universum ist von der Zahlenmatrix **Zwölf** beprägt. In ihrem Zahlenraum hast du neun Einzelziffern, also die Zahlen von eins bis neun und die Triade der Doppelziffern Eins und Null, Eins und Eins und Eins und Zwei. Die Null ist die geheimnisvollste aller Ziffern und eigentlich keine Zahl, sondern die Matrix für alle Zahlen. In der Verbindung mit den Zahlen von Eins bis Neun hat sie die Funktion, eine Zahl entweder zu verstärken oder abzuschwächen. Es gelten immer die Zahlen, die für ein Individuum innerhalb einer Kulturgemeinschaft maßgebend sind. Wenn im Judentum zum Beispiel die Jahreszahl 5771 gezählt wird, so ist diese Zahl für jede Person dieser Gemeinschaft bindend und nicht die Zahl der christlichen Zeitrechnung. Durch unterschiedliche Zählweisen können aber auch Distanzen entstehen.

Euer heutiges Leben ist geprägt von einer wahren Inflation der Zahlen. Zahlen können inzwischen euren ganzen sozialen Zusammenhalt sprengen, wenn du an die riesigen Summen denkst, mit denen während eurer Finanzkrise jongliert wurde. Verfällt eine Kultur jedoch der Inflation der Zahlen und Formeln ohne Rückbesinnung auf das **Urlicht**, geht sie früher oder später ihrem Verfall entgegen.

Dabei täte es Not, euch wieder auf eine Vereinfachung zu konzentrieren und den verschiedenen Kräften der Zahlen von Eins bis Neun nachzuspüren. Ihr habt vollkommen den magischen und tiefen Aspekt einer Zahl verloren und seht sie nur noch sumerisch. Im Augenblick werden Zahlen mißbraucht, um euch zu manipulieren.

Zahlen, Geometrien und Töne modifizieren das Licht. Sie sind wichtige Schaltstellen hinter eurer Lebensbühne, deren ihr euch bewußt werden müßt. Wer Meister seines Lebens werden will, sollte in diesen Lernstoff eindringen und versuchen, ihn zu erfassen. Entweder wirst du passiv von diesen gestalterischen Mächten ergriffen, oder du versuchst sie dir bewußt zu machen.

Achtet immer darauf, wenn ihr in eurem Leben in Zusammenhang mit Zahlen wichtige Veränderungen erfahrt. Diese Zahl kann einen Hinweis für einen neuen Lernschritt darstellen, und die Beschäftigung mit der Zahl kann euch dabei helfen, den tieferen Sinn einer Veränderung zu verstehen. Die Zahl, die immer in enger Verbindung zu euch steht, ist die Zahl eures Geburtsdatums. Seht euch dabei die Ziffern einzeln an.

Da dieses Universum der Zwölfteilung unterliegt, werden wir euch die Qualitäten der Zahlen Eins bis Zwölf erläutern. Alle anderen Zahlen bestehen aus zusammengesetzten Qualitäten. Die Zahl vierzehn, also aus eins und vier. Einhundertdreiundzwanzig besteht aus zwölf und drei. Fällt der Tag eurer Geburt auf eine Primzahl, also die Zahlen, die nur durch Eins und sich selbst teilbar sind, so wirft das auch ein Licht auf eure Persönlichkeit. Es sind die 1, 2, 3, 5, 7, 11, 13, 17, 19, 23, 29 und die 31. Habt ihr eine solche Zahl als Tag der Geburt, so gehört ihr zu den sogenannten festen Persönlichkeiten. Auch, wenn es äußerlich manchmal nicht danach aussieht, so ist eure Persönlichkeit im Innersten nicht veränderbar, während Menschen mit teilbaren Geburtstagszahlen leichter in Situationen der Anpassung geraten können und diesen Zustand im Gegensatz zu den Primzahlpersönlichkeiten durchaus als angenehm empfinden.

Mit der folgenden Darstellung wollen wir euch einen kurzen Hinweis auf die Qualitäten der einzelnen Zahlen geben, euch aber vorher zu folgender Übung auffordern.

Übung:
Setzt euch mit Papier und Bleistift hin, denkt an die Zahl eures Geburtstages oder an eine Zahl, die euch häufig begegnet, und versucht, sie mit Worten zu charakterisieren. Diese Übung soll euch helfen, ein Gefühl für die Qualität der Zahlen zu entwickeln und euch hellhörig machen in Bezug auf sich wiederholende Zahlenmuster in eurem Leben und ihre Aussagen.

Die Eins (1) repräsentiert das erste selbstbewußte Hervortreten des geistigen Impulses. Personen, die unter dem Einflußbereich der Eins stehen, müssen das Hervortreten üben, sie müssen lernen, für eine Sache einzustehen und sich für sie oder eine Überzeugung stark zu machen. Die Eins zwingt geradezu zum Hervortreten und Stellung beziehen. Es ist kein Zufall, daß die Autokennzeichen eurer Würdenträger meist mit einer Eins versehen sind. Die Eins verleiht auch immer Abstand. Der ist wichtig, weil sonst der hervorgehobene Aspekt dieser Zahl zu wenig zum Tragen käme. So ist die Eins also auch die Zahl der Distanz, der Macht, des Befehlens und Regierens.

Die Zwei (2) ist die Zahl der Beziehung. Nicht eine Beziehung, in der es um Dualität oder Polarität geht, vielmehr werden unter dem Einfluß der Zwei die Beziehungskräfte wach, die alles mit allem verbinden. Die Zwei verleiht die Fähigkeit, überall Beziehungen herstellen zu können. Sie ist die Zahl des Beziehungsgeflechts, über das Informationen und Energie ausgetauscht werden. Dies kann sich auch auf die äußere Welt der Natur erstrecken, auf die Tier- und Pflanzenwelt, aber es kann auch auf der Ebene des Verknüpfens von Wissen stattfinden.

Menschen unter der Ausstrahlung der Zwei erfahren sich selbst über die Beziehungen, die sie unterhalten. In eurer Gegenwart sind das auch die Beziehungsnetze im Internet. Diese Technologie ist ideal für das Beziehungsstreben der Zwei. Jede Art von Isolation ist deshalb für einen Menschen, der unter dem Einfluß der Zwei steht, ungünstig. Hier ist die Qualität von Beziehung nicht so wichtig, es geht eher um einen kurzen Austausch von Information und Energie. Die Menschen unter der Zwei sind deshalb allem Neuen gegenüber sehr offen, nehmen Informationen auf und geben sie wieder weiter. Deswegen ist für sie auch eine regelmäßige räumliche Veränderung wichtig. Während die Sieben eher die Speicherung von Information vertritt, geht es bei der Zwei um Austausch.

Die Drei (3) ist die Zahl der vorwärtsdrängenden Pioniere, derjenigen, die Neuland erforschen, die Zahl der Erfinder und Entdecker, und kann auch die Zahl starker Künstlerpersönlichkeiten sein. Während Einser-Persönlichkeiten einen Raum um sich und Distanz zu anderen schaffen, geht es der Dreier-Persönlichkeit um das Durchsetzen eigener Ideale, eigener Ideen und Überzeugungen. Um das zu erreichen, kann sie sich auch eines Beziehungsgeflechts bedienen, aber es dient nicht, wie unter dem Einfluß der Zwei, dem reinen Austausch, sondern die Beziehungen werden zielbewußt benutzt, um eigene Interessen durchzusetzen. Der Einfluß der Drei zwingt dazu, Ziele hartnäckig zu verfolgen, deswegen ist sie als Zahl oft Persönlichkeiten beigegeben, die für die Menschheit Ideen verwirklichen und umsetzen wollen, die über das Persönliche hinaus dem Allgemeinen dienen sollen. Vielleicht nennt man deshalb diese Zahl auch die Meisterzahl.

Die Drei zwingt dazu, Dinge oder Angelegenheiten zum Abschluß zu bringen. »Aller guten Dinge sind drei«, heißt es, und damit ist gemeint, daß etwas in sich abgeschlossen ist. Hinter der Drei stehen zielbewußte Persönlichkeiten, wenn es um das Geburtsdatum geht, wenn die Zahl durch einen Umstand später ins Leben tritt, zum Beispiel durch die Hausnummer, so bedeutet es, daß ihr zu zielbewußtem Handeln aufgefordert werdet.

An **der Vier (4)** könnt ihr schon rein äußerlich erkennen, was diese Zahl repräsentiert. Ihr Hauptteil ist das Kreuz. Die Waagerechte symbolisiert die Schwerkraft, die Senkrechte den geistigen Impuls. Ein Mensch, bei dem die Zahl Vier im Geburtsdatum vorkommt, (dies gilt auch bei zweistelligen Zahlen) bei Hausnummern usw., ist gezwungen, sich mit Themen der Erdung auseinanderzusetzen. Diese Themen werden nur dann unangenehm, wenn man sie verdrängt. Das kann zwar eine Weile gelingen, aber es ist dann wie bei einem überzogenen Konto, irgendwann muß bezahlt werden.

Die Vier zwingt zu einer klaren Analyse der eigenen Situation, und Illusionen müssen fallengelassen werden. Dieser Prozeß ist aber positiv, da so die reale Welt um einen herum oft erst in Erscheinung tritt, mit all ihren sinnvollen Bezügen und Möglichkeiten. Die Vier ist die Repräsentanz des Räumlichen, in dem man sich befindet. Es sollte erforscht und erkannt werden. Die Vier ist immer die Herausforderung, sich mit dem Hier und Jetzt auseinanderzusetzen. Ein Mensch, der die Vier in sein Leben zieht, braucht dies unbedingt zu seiner Weiterentwicklung. Die Auseinandersetzung mit dieser Zahl kann manchmal als schmerzhaft empfunden werden. Das bedeutet aber nur, daß unterschwellig ein großer Transformationsprozeß stattfindet.

Die Fünf (5), die auch die Zahl von Ra*pha*el ist und im fünften Strahl zum Ausdruck gebracht wird, ist die Zahl der Natur, des Organischen und die Zahl des Menschen. Sie steht aber auch für das Ideal von Schönheit und Maß. Sie ist der schöpferische Impuls, der auf die Veränderung der dreidimensionalen Welt hin ausgerichtet ist, auf Veränderung, Wachstum und Verschönerung der Welt. Es ist also keine Zahl der Verinnerlichung, sondern der Darstellung in der dreidimensionalen Welt. Sie steht auch für die fünf Elemente. Wenn die Vier die Zahl des Raums an sich darstellt, so ist die Fünf diejenige Kraft, die diesen mit immer neuen Formen ausfüllt, verändert und schmückt.

Hier liegt auch die Ambivalenz der Fünf. Sie ist in ihrem negativen Aspekt die Zahl der Illusion, der Zauberei, der Ablenkung vom Wesentlichen, sie ist Maya, der ewige Tanz immer neuer Formen. Bei wem die Zahl Fünf im Leben gehäuft auftaucht, sollte darauf achten, daß er unter dem Einfluß der Fünf auch immer Gefahr läuft, auf illusorische Abwege zu geraten. In ihrem positiven Aspekt verleiht sie Schöpferkraft, Heilkraft und Naturnähe und die Sehnsucht nach dem menschlichen Ideal.

Die Sechs (6) ist die Zahl der Beziehung, im Idealfall die Zahl der Liebe. In ihrer tieferen Dimension ist sie die Aufgabe, sich mit Dualität und Polarität auseinanderzusetzen. Sie ist die Zahl des Männlichen und Weiblichen und die Zahl der Anziehung zwischen den Geschlechtern. Während in der Fünf noch das freie Spiel der Formen vorherrschend ist, mit der Gefahr sich in ihnen zu verlieren, geht es bei der Sechs vor allem um das Gesetz der Polarität.

Menschen, bei denen die Sechs als Zahl vorherrschend ist, wollen den Polaritätsaspekt des Lebens auf irgendeiner Ebene studieren; vielleicht auf der Ebene der Beziehung oder des Berufs. Menschen unter dem Einfluß der Sechs leiden unter Einseitigkeit und versuchen, sie immer wieder zu durchbrechen, sei es durch mehrere Pläne, die sie parallel im Kopf haben, oder durch plötzliche Richtungsänderungen im privaten oder beruflichen Leben. Sie suchen dann unterbewußt den anderen Pol.

Diese Erfahrungen sind sehr wichtig für sie, und sie sollten sich von ihrer Umwelt in ihrer Suche nach polaren Erfahrungen nicht beirren lassen. Es ist ihr persönlicher Weg, die Mitte und den Ausgleich zu finden, denn dies ist das eigentliche Ziel ihrer Suche. Sie suchen den Gleichgewichtszustand zwischen den Kraftfeldern, aber um ihn zu finden, brauchen sie oft Jahre an unterschiedlichster Erfahrung.

Die Sieben (7) ist die Zahl von Impuls und Rhythmus, von Information, Weisheit und Wissen, und sie ist auch die Zahl des Weiblichen. Die Sieben steht für Fruchtbarkeit und Vermehrung und ist deshalb auch die Zahl für irdischen Reichtum. So wie die Fünf für ein unendliches schöpferisches Prinzip steht, steht die Sieben für die Unendlichkeit.

Menschen mit einer Sieben im Geburtsdatum haben die natürliche Fähigkeit alles das, was sie anpacken, zu vermehren, wenn sie sich voll auf diese eine Sache ausrichten, das gilt auch für den Bereich der Finanzen. Es kann bei der Sieben aber auch um die Vermehrung und Speicherung von Wissen gehen. Die Sieben trägt die Schwingung des Weiblichen, Zarten und Verletzlichen in sich. Sie übt ihren Einfluß auf bestimmte Erdrhythmen aus, etwa die sieben Tage Woche, die sieben Töne, den Mondumlauf.

So wie die Vier die Zahl des Raumes ist, so ist die Sieben die Zahl der Zeit, der Periodizität und der Information.

Die Acht (8) ist die Zahl mit der Wächterfunktion. Die Acht zwingt dazu, Dinge und Angelegenheiten aus einer höheren Perspektive zu betrachten, sie ist die Zahl der Erkenntnis und der praktischen Lebenserfahrung. Währen die Vier die Zahl der Erdung, der Auseinandersetzung mit Erfahrungen des irdischen Lebens und seinen Gesetzmäßigkeiten ist, verleiht die Acht die Möglichkeit, aus diesen Erfahrungen heraus Abstand zu gewinnen. Die Acht handelt oder unterläßt eine Handlung auf Grund exakten Wissens und extrahierter Erfahrungen. Wenn man im Laufe seines Lebens unter den Einfluß der Acht kommt, so bedeutet dies die Aufforderung zur Wachsamkeit, zu einem genauen Hinsehen und Erkennen. Im Deutschen heißt es noch: »Gib acht!« Damit wird exakt zum Ausdruck gebracht, was der Einfluß der Acht für einen Menschen bedeutet. Die Acht führt durch das genaue Erkennen zur Erkenntnis.

Die Null (0) und die (9) hängen in ihrer Bedeutung zusammen. Die Null (-Punktenergie) ist die grundlegende Potenz, der alle Zahlen entstammen. Sie haben ihre Wurzeln in der Ewigkeit.

Wird die Null mit einer Zahl verbunden, so hat sie die Fähigkeit, diese Zahl zu stärken und damit ihren Einfluß zu intensivieren. Bei den Zahlen 10, 20, 30, im Geburtsdatum tritt der Einfluß von 1, 2, 3 also durch die Null noch stärker hervor.

Steht die Null hinter einer Zahl, wird ihr Einfluß verstärkt. Steht sie, wie bei modernen digitalen Anzeigen davor, also 01, 02, 03 usw., so wird die Ausstrahlung der nachfolgenden Zahlen geschwächt. Die Null als geschlossener Kreis oder als Oval steht für die göttliche Potenz im Zustand des Unmanifestierten.

Die Neun (9) sollte eigentlich von unten angefangen werden zu schreiben und sich dann in die Kreisform nach links wenden. Die Drehung nach links hinein in die Kreisform ist ein Hinweis darauf, daß sich die Lichtkörper eines Menschen, der unter dem Einfluß der Neun steht, wieder in eine Rotation nach Links einschwingen wollen. Die Neun weist auf eine Schwingungserhöhung und auf Verinnerlichung hin.

Menschen unter dem Einfluß der Neun werden in ihrem Leben zu dieser Verinnerlichung gedrängt, entweder indem sie sich freiwillig in Richtung Spiritualität bewegen, was bei der Geburtszahl Neun wahrscheinlich ist, oder sie werden durch äußere Umstände dazu aufgefordert.

Die Neun verspricht Weisheit, Abschluß einer Entwicklungsphase, aber auch Neuanfang auf einer höheren Ebene. In der Neun ist das Wort »neu« enthalten. Die Qualität der Neun beinhaltet also auch eine Neubewertung, eine neue Sichtweise. Während unter dem Einfluß der Acht noch eine Auswertung des Alten stattfindet, kann unter der Neun ein Neuanfang auf höherer Ebene beginnen. Die Neun verleiht eine völlig veränderte Sichtweise auf Dinge und Angelegenheiten.

Die Neun im Geburtsdatum deutet auf die spirituelle Ausrichtung eines Menschen hin. Wenn euch die Neun als gewichtige Zahl im Leben begegnet, so kann dies der Hinweis auf einen Neubeginn und auch auf eine Veränderung in den Bewertungen hinweisen, also auf eine emotionale und gedankliche Neuorientierung. So neu auch Erfahrungen unter der Neun sein können, sie weisen immer auf eine zielgerichtete Entwicklung zum Spirituellen hin. Das kann sowohl eine religiöse als auch eine philosophische Dimension haben, die mit einer veränderten Sicht- und Verhaltensweisen einhergeht.

Die Zehn (10) ist die Zahl der irdischen Manifestation. Wie wir euch erklärten, verstärkt die Null, die hinter der Eins steht, diese noch in ihrer Ausstrahlung. Darüber hinaus hat die Zehn aber noch eine eigene Wirkmacht, da sie innerhalb des Zahlenraums der Zwölf steht. Die Zehn entspricht dem Tatmenschen.

Wer als Tag der Geburt die Zehn hat, wird in seiner Manifestationsfähigkeit unterstützt. Im einfachsten Fall wäre das dann der Machertyp. Im besten Fall ein Organisator zum Wohl der Menschheit, zum Beispiel ein Politiker mit Idealen. Hier liegt auch die Problematik der Zehn. Da sie zur schnellen Verwirklichung von Vorstellungen verhilft, können so auch leicht Fehlschöpfungen entstehen, mit deren Folgen sich dann ein Mensch unter dem Einfluß der Zehn belastet sieht.

Der sicherste Weg für einen Zehner-Menschen ist daher, ein ideelles Konzept zu verfolgen, das nach mehreren Seiten hin geprüft ist und das für ihn und alle Beteiligten einen aufbauenden Aspekt besitzt. Der Zehner-Mensch ist aufgrund dieser starken Manifestationskraft geradezu verpflichtet, über eigennützige Aspekte hinauszuwachsen. Während es bei der Eins nur darum geht, Distanz zu schaffen, zum Beispiel als Würdenträger in einer hervorgehobenen Position zu erscheinen, ist mit der Zehn die Verpflichtung gegeben, die Kraft der Manifestation für sich und andere unter ethische Regeln zu stellen. Die Zehn ist eine Prüfung für die Seele, ob sie mit der ihr gegebenen Stärke verantwortungsbewußt umgehen kann. Aufgrund ihrer Stärke ziehen Zehner-Menschen gerne schwächere Personen in ihren Bannkreis, für die sie im allgemeinen auch bereit sind, Verantwortung zu übernehmen. Tritt die Zehn später als Zahlenhäufung ins Leben, so bedeutet dies einen Machtzuwachs verbunden mit Verantwortung.

Die Elf (11) ist im Zahlenraum der Zwölf nicht nur eine Verdoppelung der Eins, sondern hat eine völlig eigene Qualität. Bei der Elf geht es darum, Synthesen zu bilden. Wenn die Zehn die Kraft der erhöhten Manifestation darstellt, so fordert die Elf den intellektuellen Geist, der über all diese Manifestationen nachdenkt, über ihren Sinn und Nutzen.

Der Elfer-Mensch betreibt Auslese auf hohem Niveau. Während die Acht die Zahl der praktischen Lebenserfahrung darstellt, steht die Elf für die geistige

Erfahrung eines Menschen. Sie fordert dazu auf, die Welt in großen Zusammenhängen zu sehen und veranlaßt den Elfer-Menschen, sich nur dort einzuschalten, wo er von der großen Linie der geistigen Notwendigkeit des Handelns überzeugt ist. Von außen betrachtet kann ein Elfer-Mensch phlegmatisch und handlungsgehemmt erscheinen, aber dies gilt nur so lange, bis der Elfer-Mensch sein Feld entdeckt hat. Wenn es ihm aus geistiger Perspektive notwendig erscheint, sich einzuklinken, steht er einer Sache mit der Fülle seines Wissens und allen Möglichkeiten seiner Person zur Verfügung. Der Elfer-Mensch läuft Gefahr, von praktischer ausgerichteten Menschen mißverstanden zu werden. Oft begreifen Menschen, die mit einem Elfer-Menschen zusammen sind, erst nach Jahren, welche Ideen und Ziele dieser verfolgt und wie richtig sein Handeln war.

Die Zwölf (12) stellt den Schlußakkord des zwölffältigen Zahlenraums dar. Hier ist der geistige Impuls in der verwandelten Welt zur Ruhe gekommen. Viele Stationen und Operationen des Geistes waren nötig, um das göttliche Licht, die Weisheit und die Liebe in immer neuen Formen und Welten entstehen zu lassen. Die Zwölf steht für die vollbrachte Tat. Das göttliche Wort hat sich irdisch manifestiert.

Die Zwölf als Ausstrahlung auf einen Menschen stellt hohe Anforderungen an sein geistiges Wachstum, und nicht wenige der Zwölfer-Menschen können mit diesen Anforderungen nicht Schritt halten. Sie sehen sich mit der Ausstrahlung der Zwölf geradezu überfordert. Immer wieder werden sie in ihrem Leben dazu gezwungen, die Dinge aus einer übergeordneten geistigen Perspektive zu sehen. Da die Zwölf so hohe Anforderungen an einen Menschen stellt, kann er durch sie aber auch die entsprechend großen Entwicklungsschritte machen.

Der Zwölfer-Mensch ist oft mit sich beschäftigt, weil die Anforderungen mit denen er sich konfrontiert sieht, nur dann zu meistern sind, wenn er dies tut. Für die Umwelt kann ein Zwölfer-Mensch leicht für egoistisch gehalten werden. Er ist aber aus den Anforderungen heraus, denen er sich gegenübersieht, nicht in der Lage, sich innerlich auch noch den Schwierigkeiten und Problemen anderer Menschen zu widmen.

Der von der Zwölf beeinflußte Mensch braucht oft Ruhe und Zurückgezogenheit, um etwas innerlich für sich durcharbeiten zu können. Ein hektisches und durch zu viele Menschen belastetes Leben ist für einen Zwölfer-Menschen nicht förderlich. Er sollte nach einem geordneten und nicht zu betriebsamen Leben streben. Tritt die Zwölf später im Leben vermehrt auf, so ist das ein Hinweis darauf, daß man sich mehr Ruhe und Zurückgezogenheit gönnen sollte.

Der magische Aspekt der Buchstaben, die sogenannten Keimsprachen und die Lautlehre der Engel

In verschiedenen magischen Kreisen wird traditionell versucht, mit geometrischen Formen, den regelmäßigen, wie zum Beispiel dem Pentagramm, oder auch unregelmäßigen Formen, Macht auszuüben und verschiedene Kräfte zu beschwören, um sie sich nutzbar zu machen.

Dem liegt der richtige Gedanke zugrunde, daß sich eure Wirklichkeit auf geometrischen Netzwelten aufbaut, die durch Visualisierungs- und Anrufungstechniken verändert beziehungsweise manipuliert werden können. Was dabei vergessen wird, ist, daß die normale Alltagssprache ebenso in geometrischen Formen ausgedrückt wird und in ihr verändernde und magische Möglichkeiten schlummern und durchaus genutzt werden.

Früher haben mehr noch als die Zahlen die Buchstaben die Kulturen der Völker geprägt. Die gemalten Zeichen und Buchstaben entfalteten eine stark prägende Wirkung auf die jeweiligen Kulturen. Fast alle Buchstaben kannst du auf geometrische Grundfiguren zurückführen. Am Anfang einer Kultur hatten diese geometrischen Figuren immer eine magische Bedeutung und sollten bestimmte Wirkungen evident hervorrufen. Bei den Runenzeichen kannst du das noch sehr gut nachvollziehen. Sie waren magisches Zeichen, Symbol und Schrift in einem.

Eine ähnliche Bedeutung kannst du noch im Sanskrit, in klassischen chinesischen Schriftzeichen, im Altägyptischen und in der hebräischen Schrift entdecken. Viele Völker haben mit ihren Zeichen höchst komplexe Regieanweisungen für sich, für ihre Entfaltung, aber auch für ihren Niedergang verfaßt. Aber alles zu Komplexe führt immer dazu, dem Äußeren einen zu großen Wert beizumessen, was dann letztlich zu einer Schwächung führt.

Die Verehrung von Kalligraphen und Schriftkundigen in früheren Kulturen gibt Zeugnis von der Wirkmächtigkeit der Buchstaben und Zeichen. Die auf das Papier gebannte Linie und der Winkel waren nicht Ausdruck der Nachahmung, sondern bildeten eine Struktur für Befehle und Macht.

Auch das rhythmisch gesprochene Wort und der Reim galten als zauberkräftig, und auch heute versuchen Menschen wieder, auf der Suche nach einer wirkmächtigen Ursprache aus den verschiedenen Sprachen eine Art von Lautsprache zu destillieren. In einigen Sprachen gibt es noch eine Restform der alten wirkmächtigen Sprache in Form der Mantrik, pentatonischer Reime oder liturgischer Gesänge.

Dabei geht es darum, durch einen sich wiederholenden Wechsel der Tonhöhen und durch die Wiederholung von Rhythmus einen halbhypnotischen und aufnahmebereiten Bewußtseinszustand zu erzeugen. Auch jede Art von Ritus gilt dem Versuch, im Bewußtsein ein offenes Feld zu erzeugen. Wenn in ein so vorbereitetes Bewußtsein zum Beispiel durch die Priesterschaft klare und gedanklich kohärente Formeln und Befehle gesetzt wurden, so konnte durch die gebündelte Gedankenkraft vieler in der Wirklichkeit eine Vorstellung erzeugt werden.

Bei der religiösen Praxis geht es vor allem darum, durch Zeremonien und Gesänge diesen aufnahmebereiten und halbhypnotischen Bewußtseinszustand zu erzeugen. Dies ist die Voraussetzung für die Herrschaft der Kirche. Alles Salbungsvolle verbunden mit einem gleichförmigen Ritual entfaltet eine Suggestivwirkung.

Die Kraft der Suggestivwirkungen ist heute auf die Massenmedien und auf Großveranstaltungen übergegangen. Auch das Flimmern einer Bildschirmoberfläche erzeugt eine suggestive Wirkung, und dort wiederholte Behauptungen können in eurer Gesellschaft ebenso ihre magische Wirkung entfalten wie das früher die religiöse Praxis tat.

In den Engelbildern tauchen immer wieder Silben aus dem Hebräischen oder dem Sanskrit auf. Zum einen wollen wir euch damit auf die Wirkmächtigkeit der alten Sprachen wie Hebräisch, Sanskrit, Altägyptisch, Tibetisch, Chinesisch aufmerksam machen, euch aber auch dazu anregen, zu überprüfen, welchen Lauten und Zeichen ihr in eurer heutigen Kultur ausgesetzt seid und welche Wirkungen sie auf euer Unterbewußtsein haben.

Bevor ihr euch aber mit der Inflation der Zeichen und Zahlen eurer eigenen Kultur beschäftigt, ist es auch hier notwendig, zu den Grundbausteinen eurer Sprache zurückzukehren. Mit den Vokalen und den Umlauten in Verbindung mit einem Konsonanten könnt ihr während einer Meditation wunderbare Reinigungsübungen machen.

Übung:
Atmet tief ein und intoniert ausatmend einzeln die Vokale i, e, a, o, u, ü, ä, ei, eu, au. Anschließend verbindet ihr sie mit einem Konsonanten z. B. ji, je, ja... usw. oder li, le, la... Bei einer Verbindung mit m schwingt der ganze Kopfbereich mi, me, ma...

Auf **i** schwingt der Gaumenbereich, auf **e** der Halsbereich, auf **a** der Herzbereich, auf **o** der Bauchbereich und auf **u** der Unterleib. Diese Vokalisierungsübungen werden in vielen magischen Disziplinen sowie im Yoga verwandt und sind nach wie vor eine hilfreiche Übung, um euch zu lockern. Wir empfehlen sie euch vor allem, um euch von euren Sprachmustern zu lösen, auch wenn ihr dafür nur ein paar Minuten am Tag erübrigen könnt.

Wenn ihr diese Vokalübungen eine Weile geübt habt, dann erfindet einfach eine eigene Fantasiesprache, nach eurer momentanen Empfindung. Singt oder tönt Lautverbindungen tief oder mit der Kopfstimme nach Lust und Laune.

Es gab Kulturen, deren Bewußtsein Intonationen, Sprachmuster und Schriften hervorbrachte, die in ihrer Wirkmächtigkeit euren Sprachmustern weit überlegen waren. Die alten Hochsprachen, die wir erwähnten, tragen zum Teil noch einen Schimmer von diesen alten, starken Sprachen. Im Sanskrit und im Hebräischen sind noch starke magische Ausdrücke enthalten. Der gemalte Buchstabe und die gesprochene Silbe können noch Wirkmächtigkeit entfalten. In euren heutigen Sprachwelten fehlt die Einfachheit und die Rückbindung an das **Urlicht**, denn all diese geometrischen Formen (oder auch Formeln) kommen aus diesem großen und reinen **Urlicht**, dessen Ordnungsstruktur so hoch ist, daß jede Situation, und sei sie noch so kompliziert, in diesem Licht geheilt und geordnet werden kann.

Ihr sollt und braucht aber keinesfalls diese alten Sprachen zu studieren, um mit diesem **Urlicht** in Verbindung zu kommen, sondern solltet eher erfinderisch werden im Prägen neuer Laute. Spürt den Lauten und Schwingungen nach, beobachtet ihre Wirkung auf euren Körper und achtet darauf, wie sie eure Stimmung verändern können. Ihr könnt ruhig neue und eigene Mantren bilden. Durch diese Übungen soll euch die Kraft des gesprochenen Wortes bewußt werden.

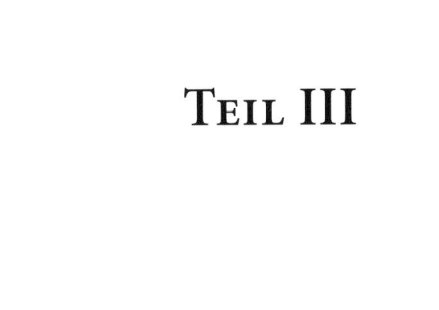

TEIL III

*Der III. Teil **Fragen und Antworten** entstand, nachdem ich die Texte der Engel geordnet hatte und sich daraus für mich noch einige Fragen stellten. Die Antworten führten mich oft in geistiges Neuland, etwa, als das Thema des Entstehens der Religionen angeschnitten wurde und ich durch die Antworten der Engel immer wieder zu neuen Fragen angeregt wurde.*

Fragen und Antworten

Frage: *Als die Engelorden erwähnt wurden, spracht ihr von den Mitgliedern des Melchisedek-Ordens. Wer oder was ist eigentlich Melchisedek?*

Antwort: Der Name Melchisedek wurde euch durch die Bibel überliefert (1. Moses 14,18 und Psalm 110,4). Er wird dort als Priesterkönig beschrieben. Aber auch die biblische Person des Priesterkönigs Melchisedek war nur ein Mitglied der kosmischen Bruderschaft gleichen Namens. Die leitende Intelligenz dieser Bruderschaft ist ein Wesen in der Zentralsonne dieser Galaxis. Seine Aufgabe, bzw. die aller Wesen, die im Melchisedek-Orden ihren Auftrag haben, ist das direkte Eingreifen, wenn solare Systeme in ein Schwingungsgefälle abzugleiten drohen. Auch greift dieser Orden ein, wenn es an der Zeit ist, die Schwingung eines solaren Systems zu erhöhen, aber nur in dem Fall, wenn diese Schwingungserhöhung nicht aus eigener Kraft geschafft werden kann.

Die Mitglieder des Melchisedek-Ordens stehen innerlich immer in direkter Verbindung mit der Zentralsonne und beziehen von dort ihre Weisungen und ihre große Kraft. Sie sind durch ihre bloße Anwesenheit und ihre große Lichtkraft Systemveränderer.

Melchisedek ist der Name dieser kosmischen Intelligenz, nach der die Bruderschaft benannt ist. Es ist eine ehrenvolle Aufgabe für Seelen der Zentralsonne, aber auch ihrer äußeren Bereiche, dazu aufgefordert zu werden, innerhalb des Melchisedek-Ordens tätig zu sein. Um ein Wesen aus der Zentralsonne in die Randgebiete der Galaxis zu entsenden, bedarf es großer Vorkehrungen. Stellt euch das wie die Vorbereitung zu einer Expedition vor. Wesen der inneren Lichtreiche haben keine Ahnung, was es bedeutet in einer dreidimensionalen Welt zu leben. Sie durchlaufen eine Art Schulung, und es werden für sie Sicherungsvorkehrungen getroffen, da das Eintauchen in eine dreidimensionale Welt für sie fast immer eine Amnesie (Gedächtnisverlust) bedeutet und sie dabei am Anfang höchstens noch eine vage Ahnung von ihrem Auftrag haben.

Schwierig ist es vor allem für Wesen, die diesen Prozeß zum ersten Mal durchlaufen. Sie werden deshalb zu kleinen Gruppen zusammengefaßt und immer von einer erfahrenen Persönlichkeit geleitet. Schon das Eintauchen in die sechste Dimension ist nicht einfach, weil hier erste Ursachen für eine Inkarnation in der dreidimensionalen Ebene geschaffen werden müssen. In der fünften Dimension werden Inkarnationskreisläufe festgelegt und Treffpunkte in verschiedenen Hochkulturen vereinbart. Vergeßt nicht, daß in dieser Dimension die Zeit noch unerheblich ist, sie liegt diesen Wesen wie eine Landkarte vor Augen. Das, was für euch das Hinausfahren aufs Meer in einem kleinen Segelboot bedeuten würde, bedeutet es für Seelen von einer höheren Dimension aus, sich durch eine Art von Licht- und Schwingungsstrudel in eure dreidimensionale Welt zu begeben. Nur der klare Wille, ihr Ziel zu erreichen, den sie um jeden Preis aufrecht erhalten müssen, läßt sie die Dimensionstore passieren und ihr Ziel erreichen.

Seelen, die das zum ersten Mal erleben, landen oft in euren Heilanstalten, oder man entfernt sie aus der Gesellschaft, weil man nichts mit ihnen anzufangen weiß. Trotzdem, wo auch immer sie sind, verbreiten sie ihr Licht. Seelen mit mehr Erfahrung passen sich äußerlich an und bilden ihre Lichtmatrix, wie wir es euch schon beschrieben haben. Wir schildern euch dies so ausführlich, um euch zu zeigen, was diese Wesen leisten, um in einer dreidimensionalen Welt ihren Auftrag auszuführen.

Melchisedek bildet also einen direkten Weg von der Zentralsonne zu allen solaren Systemen und zwar außerhalb der allgemeinen dimensionalen Hierarchie. Jedes solare System gehört einem übergeordneten System an und empfängt von dort normalerweise seine Weisungen.

Eure Heimatgalaxis befindet sich noch in der Entwicklung und im Aufbau. Das System Melchisedek gibt es in allen Galaxien dieses Universums. Es dient der schnellen Korrektur und der Beschleunigung einer Entwicklung. Der Melchisedek-Orden untersteht keinem Farbstrahl. Die Mitglieder dieses Ordens (sowohl Engel, als auch die Seelen der inneren Lichtwelten) haben Zugang zu allen Farbstrahlen, da sie die ständige Verbindung zur galaktischen Zentralsonne halten.

Frage: Ich habe noch nicht ganz verstanden, warum es nur drei Engelorden gibt. Auf welche Weise wirken denn die Engel der anderen Farbstrahlen zusammen?

Antwort: Die drei Engelorden entfalten eine besondere Dynamik, weil es bei ihnen um eine Ausweitung und das Vorantreiben der Schöpfung geht. Zu diesem Zweck sind viele Engel der verschiedenen Farbstrahlen im Orden Melchisedek vereinigt, die Michaelengel stehen für die kosmischen Gesetze und die Engel des Gabrielordens bilden viele Wesen der inneren Lichtreiche aus, als Lehrer in die neu entstehenden Welten zu gehen und dabei stehen sie ihnen auch weiter zur Seite. Außerhalb dieser drei besonderen Aufgabenbereiche haben wir Engel unsere speziellen Tätigkeiten in klar abgegrenzten Bereichen der jeweiligen Farbstrahlen. Wir werden zu einem Dienst im Orden Melchisedek berufen, wenn die Aufgabe es erfordert und wenn sich dieser Dienst mit unserer bisherigen Aufgabe deckt. Auch für uns Engel ist dieser Dienst eine Erweiterung.

Frage: Wer ist Ani*El, und welchem Strahl gehört er an?

Antwort: Ich bin ein Engel, der ursprünglich dem gelben Weisheitsstrahl entstammt, aber ich diene im Melchisedek-Orden. Engel im Dienst des Melchisedek haben Zugang zu allen Farbstrahlen, da dies für ihr Wirken notwendig ist und sie ihre Weisungen direkt aus der Zentralsonne dieser Galaxis erhalten. Dort fließen alle Strahlen, alle Aufgaben und alle Informationen zusammen. Da ich durch meinen Dienst Zugang zu allen Strahlen habe, konnte ich in diesem Buch einen Überblick verschaffen und die Informationen der Engel der einzelnen Strahlen vermitteln.

Da ich ursprünglich dem gelben Strahl der Weisheit entstamme, ist es meine Aufgabe, innerhalb des Melchisedek-Ordens das Wissen um die Aufgaben, die Strukturen und den Aufbau der göttlichen, vieldimensionalen Welten weiterzugeben und Wesen in den verschiedenen Dimensionen darüber zu belehren. Ich versuche dieses Wissen gleichzeitig in verschiedenen Formen vielen Bewußtseinsströmen zu übermitteln. Auf ein irdisches Bild reduziert, kannst du sagen, ich bin ein Lehrer mit vielen Schülern.

Irgendwann ist der Punkt, an dem die Schüler genug Wissen aufgenommen haben, und ihre Abschlußprüfung besteht darin, das Wissen in komprimierter und klarer Form der Umwelt zur Verfügung zu stellen, in der sie sich befinden. Da wir die Dinge nicht eng sehen, bleibt die Form ihnen überlassen. Es kann ein Buch sein, ein Musikstück, ein Kunstwerk. Wichtig ist nur, das erhaltene Wissen in Liebe weiterzugeben und den Fluß der Liebe und Weisheit, der direkt aus der großen Zentralsonne kommt, nicht zu unterbrechen.

Deine innere Frage, wie lange ich schon im Melchisedek-Orden diene, ist illusorisch, denn hier gibt es keine Zeit, alles ist in jedem Bewußtseinsmoment vollkommen. Es geht von einer Vollkommenheit in eine neue über. Es gibt hier keine Entwicklung vom Schlechteren zum Besseren, sondern alles ist in einem wunderbaren Jetzt. Der Illusion von Zeit und Entwicklung seid ihr nur in eurem momentanen Bewußtseinszustand ausgesetzt.

Frage: In welcher Dimension lebst du?

Antwort: Ich entfalte meine Aktivitäten aus der achten Dimension für viele Welten. Ich nehme aber viele Dimensionswechsel vor und lehre auch in einer Dimension, die deinem Bewußtsein zugänglich ist. Dies Buch, das du schreibst, besteht bereits in dieser Dimension, und du hast dich mit seinem Inhalt auf geistiger Ebene während vieler Jahre auseinandergesetzt. Die Schwierigkeit für dich besteht darin, dieses Wissen unverfälscht in eine dreidimensionale Form zu bringen. Aber du mußt keine Angst vor Fehlern haben, denn wir überwachen diesen Prozeß.

Frage: Ich habe noch eine Frage zu euren Aussagen in Teil II, über die Gedanken. Was kann ich selbst tun, um der Sphäre der Bedrücktheit und der niederdrücken-den Gedankenfelder, die mich umgeben, so schnell wie möglich zu entkommen?

Antwort: Ein Punkt, den du und viele andere noch nicht begriffen haben, ist der festliche Charakter des Lebens. Du hast dich immer wieder gefragt, warum du gerade in einem Zeitraum, in dem du über Engel schreibst, gleichzeitig soviel Inspirationen zu Schmuckstücken erhältst und gar nicht anders kannst, als mit deinen Händen schöne Gegenstände zu formen, und du mit Gold und schönen Steinen arbeiten willst.

Wenn ihr auf ein Fest geladen seid, dann macht ihr das Beste aus euch und schmückt euch. Ihr wollt einen guten Eindruck machen und einen Gegensatz zum Alltag bilden. Jeder göttliche Tag, den ihr empfangt, sollte ein Festtag sein. Die Sphäre des grauen Alltags ist die Sphäre einer nicht göttlich-inspirierten mentalen Sackgasse. Habt doch den Mut und die Ausdauer, diesen grauen Vorhang von eurer Seele zu ziehen. Freut euch ganz bewußt jeden Morgen beim Aufwachen auf einen neuen Festtag des Lebens. Bereitet eure Seele und euren Körper vor, wie wenn ihr einem großartigen Ereignis entgegengeht. Die Natur schmückt sich jeden Tag neu. Blumenkelche öffnen sich. Bunt geschmückte

Insekten fliegen von Blüte zu Blüte. Ob ihres Daseins ist die Natur freudig gestimmt. Die Naturvölker haben sich jeden Tag ausführlich geschmückt. Betrachtet die Aufnahmen von Nomadenfrauen, mit wie viel Hingabe sie ihren Körper schmücken. Obwohl sie schwere Arbeit zu verrichten haben, spüren sie unterbewußt die Festlichkeit des Lebens. Sie schwingen mit der Natur und schmücken sich mit dem, was sie ihnen schenkt.

Ärmlichkeit, Askese, Traurigkeit, Frustriertheit sind keine passenden Attribute für ein göttliches Fest. Wir wünschen sehr, daß du dich innerlich in diese Feier einzuschwingen lernst. Es ist die Frequenz der freudigen Erwartung. Je mehr es dir gelingt, diese Frequenz aufrecht zu erhalten, desto öfter wirst du wunderbare Erlebnisse in dein Leben ziehen. Diese Freude tragen wir Engel immerzu in uns. Wer das göttliche Sein in all seinen Facetten erkennt, ist von ständiger Freude durchglüht. Durch diese erwartungsvolle Freude könnt ihr die Schranken niederreißen und die grauen Schleier, die euch umgeben, hinter euch lassen.

Alles was du im Leben Gutes erhältst, ist immer ein Geschenk der göttlichen Sphäre. Die Schleusen für alles Gute sind weit geöffnet. Ihr müßt es nur annehmen, indem ihr es mit freudigem Herzen erwartet.

Frage: Das Leben als Fest zu begreifen ist ein nachdenkenswerter Ansatz, aber ich könnte dies Gefühl nicht immer aufrecht erhalten, weil mich meine Problemfelder immer wieder einholen.

Antwort: Probleme, die in eurem Leben auftauchen, sind immer der Hinweis darauf, daß bestimmte Bereiche eures Denkens und eurer Grundannahmen über euch, das Leben oder die Gesellschaft noch nicht bereinigt sind. Das Problem weist immer auf einen dunklen Fleck hin, der auf der Landkarte eurer Seele noch vorhanden ist. Je mehr ihr euch eurem Lichtleib, eurem höheren Selbst nähert, desto stärker und offensichtlicher treten diese unbereinigten Seiten eures Wesens hervor; und zwar deshalb, um von euch erkannt und gelöst zu werden. Der Kern des Problems ist immer ein Urteil über euch selbst, über einen anderen oder über einen gesellschaftlichen Sachverhalt, der nicht mit der göttlichen Wahrheit, mit eurem reinen Lichtkörper in Übereinstimmung steht.

Wenn ihr euer Denken bereits in die Höhe vollkommener Dankbarkeit erheben könntet, dann würdet ihr euch augenblicklich in den Seinsmodus eures höheren Selbst, eures Lichtkörpers einschwingen. Annähernd erfahrt ihr immer mal wieder diesen Seelenzustand von tiefer Dankbarkeit, aber viele von euch sind noch bei der mühevollen Arbeit, falsche Gedankenmuster zu erkennen und sie zu überwinden.

Frage: Woran erkenne ich ein falsches Gedankenmuster?

Antwort: Falsche Gedankenmuster verbergen sich sehr häufig hinter allgemeinen Urteilen, wie etwa: »Die Zeiten werden immer schwieriger« oder »In der Gesellschaft ist immer weniger Geld vorhanden« oder »Schüler sind heute nicht mehr in der Lage, schwierige Lerninhalte zu verstehen« usw. Solche Urteile überziehen eure Seele wie eine schmierige Ölschicht das Wasser und trüben euer klares Bewußtsein. Ihr seid nicht mehr in der Lage, über alles, was euch begegnet, das Beste und Vorurteilsfreieste anzunehmen. Diese Urteile spiegeln sich auch sehr oft in euren Medien wider und wirken dadurch als Verstärker. Mit diesen allgemeinen Urteilen, die die verschiedenen Völker durchziehen, wird schon ein großer Teil des Lichtstroms unterbrochen, der euch ständig zufließt.

Als nächstes kommen die fehlerhaften Urteile über euch selbst, über eure Möglichkeiten, Fähigkeiten und eure Unkenntnis über die Heiligkeit und Unversehrtheit eures Körpers. Überall neigt das Denken zur Polarisierung und zum Fällen von Urteilen. Das reine Licht, das euer höheres Selbst euch ständig zustrahlt, das Licht, in dem jede Vollkommenheit, die ihr euch nur wünschen könntet, vorhanden ist, wird durch diesen Gedankenschleier der Urteile und Verurteilungen getrübt. Solange ihr euer Denken nicht verändert, erlebt ihr auf dem Bildschirm eures Lebens immer wieder die scheinbaren Bestätigungen eurer Annahmen und Urteile.

Aus diesen Gedankenmustern könnt ihr euch nur durch einen kraftvollen Akt der Umkehrung befreien. Jedes negative Urteil, das ihr bei euch selbst entdeckt, müßt ihr in eine positive Aussage verwandeln. Wenn ihr etwa denkt: »Heute habe ich keine Lust«, dann verwandelt dieses Urteil über euch selbst in ein: »Ich gehe heute lustvoll alle meine Aufgaben an.« Wenn ihr jemanden trefft und denkt: »Frau X geht es heute aber wieder sehr schlecht«, dann lautet eure Umkehrung: »Frau X geht es heute schon viel besser.« Auch wenn euch diese Vorgehensweise am Anfang unehrlich oder albern erscheint, so müßt ihr euch doch bewußt machen, daß euch nur das begegnet, was vorher latent durch euer Denken angestoßen wurde. Wenn euch also eine Frau X begegnet, der es scheinbar schlecht geht, dann war bereits vorher in eurer (oft unbewußten) Überzeugung die Grundannahme: »Den Leuten geht es schlecht.«

Ihr neigt auch dazu, euch mit dem Denken anderer Menschen gemein zu machen, und es erfordert Aufmerksamkeit und Kraft, den Allgemeinurteilen entgegenzutreten. Hier habt ihr ein tägliches Übungsfeld. Wenn ihr ein negatives Urteil in ein positives umwandelt, so stehen dahinter die ganze Autorität und die grenzenlose Kraft der inneren Lichtreiche. Die positive Umwandlung eures Urteils entspricht der reinen Wahrheit des göttlichen Seins, in dem ihr alle verwurzelt seid. Diese Wahrheit ist jeder negativen Aussage gegenüber unendlich überlegen und viel machtvoller in ihrer Wirkung, denn sie ist die präzise Beschreibung der göttlichen Wirklichkeit, die ihr nur durch eure falschen Annahmen vor euch selbst verdeckt.

Frage: *Können Engel sich in einer menschlichen Gestalt zeigen oder auch in einer menschlichen Gestalt inkarnieren?*

Antwort: Beides ist möglich. Wie wir schon erwähnten, gab es Kulturen auf der Erde, deren Schwingung so hoch war, daß sie euch ätherisch erscheinen würden. Engel wurden dort selbstverständlich empfangen, als Boten einer übergeordneten Dimension und gütigen Intelligenz, deren Weisungen und Botschaften man ernst nahm.

Die Engel erschienen meist nach vorbereitenden Zeremonien, durch die sich der Geist der Menschen von den Alltagsgedanken weg und dem großen kosmischen Geschehen zuwandte. In diesem so vorbereiteten Kreis erschien ein Engel als Botschafter, Mahner, Ratgeber und als Überbringer bahnbrechender neuer Ideen. Durch diese Verbindung zu übergeordneten Welten konnten sich einige Kulturen lange Zeit auf einem hohen geistigen Niveau halten.

Veränderte sich die Ausrichtung einer Kultur mehr zum Materiellen hin, dann war mit der Zeit niemand mehr in der Lage, das Erscheinen eines Engels vorauszusagen oder die Botschaft eines Engels zu verstehen. Damit wurde die Einflußnahme einer höheren Dimension unterbrochen. Aus diesem Grund unternahmen immer wieder Wesen aus weiterentwickelten kosmischen Regionen den Versuch, hier auf der Erde zu inkarnieren, um als Verbindungsglied zu wirken.

Ein Engel muß nicht in einem menschlichen Körper inkarnieren, um auf der Erde wirken zu können. Dank der höheren Energie kann ein Engel seinen Einfluß über einen Menschen geltend machen, wenn dieser grundsätzlich die Erlaubnis dazu erteilt. Das kann so weit gehen, daß ein Mensch seinen Eigenwillen gänzlich zurückstellt und einen Engel ständig durch sich wirken läßt. Einer solchen Verbindung geht ein Prozeß der Schwingungsangleichung voraus und von Seiten des Menschen ein Niederringen seiner egozentrischen Bestrebungen.

Eine Ausnahme bilden die Engel des Elementarreichs, die bisweilen aus Sorge um die ihnen anvertraute Natur und ihre Geschöpfe in einem menschlichen Körper inkarnieren. Sie bleiben fast immer Außenseiter in der menschlichen Gesellschaft und setzen sich hauptsächlich für die Tier- und Pflanzenwelt ein.

Man erkennt sie an ihrer grundgütigen Ausstrahlung, ihrem Wissen von und ihrer Liebe für die Natur.

In zwischenmenschlichen Beziehungen dagegen sind sie fast hilflos und nicht in der Lage, die sogenannten menschlichen Emotionen richtig einzuschätzen. Das, was ihr Menschen als die Skala der menschlichen Emotionen bezeichnet, ist bei einem Engel nicht vorhanden. Ein als Mensch inkarnierter Naturengel hätte zwar über das Vierkörpersystem, in das er eingetaucht ist, die Möglichkeit, den Emotionalkörper zu erleben, aber als Engel bleiben ihm dessen Möglichkeiten fremd. Er weiß nicht, in welchen Situationen er welche Emotionen zu zeigen hat, um gesellschaftlich korrekt zu sein. So arbeiten diese Wesen meist für sich. Sie haben ihren speziellen Auftrag der Natur gegenüber und fühlen sich in menschlicher Gesellschaft eher unwohl und unsicher. Ihr Vertrauen und ihre Zuneigung kann man nur gewinnen, wenn man sich mit ihren Zielen in Übereinstimmung bringt und sich zum Beispiel für die Rettung einer Tier- oder Pflanzenart einsetzt.

Daß Engel fallen, wie es in der Bibel geschrieben steht und dann als verführende Dämonen wirken, ist Unsinn. Nur humanoide Wesen, die sogenannten Göttersöhne, die es überall im Kosmos gibt, können sich verstricken und auf diese Weise in eine niedrigere Schwingung fallen.

Frage: Ich habe den Unterschied zwischen hochentwickelten humanoiden Wesen, etwa einer höheren Dimensio, und den Engeln immer noch nicht ganz verstanden.

Hier ist ein einfacher Vergleich, der leicht zu verstehen ist: Stell dir die Engel als die Beamten des Universums vor und sieh die humanoiden Wesen, ganz gleich, in welcher Dimension oder Welt sie sich befinden, als die freien Bürger dieses Universums. Wir Engel leben in einer unumstößlichen Ordnungsstruktur, die auch die ganze Freude und Dankbarkeit eines Engels ausmacht. Wir wirken innerhalb dieser wunderbaren Struktur, die sich für uns immer wieder erneuert, und sehen und wissen zugleich, was unsere Aufgabe ist. Wir wissen genau, was für ein Ton in der Melodie der Schöpfung folgen muß, und aus diesem Wissen heraus können wir Engel nicht fallen.

Der Mensch hat dagegen schöpferische Fähigkeiten, und er hat immer die Wahl. Seelen mit dieser schöpferischen Potenz, die am Anfang ihrer Entwicklung stehen brauchen Helfer, Lehrer und im wahrsten Sinn des Wortes Schutzengel, die ihnen zur Seite stehen, die ihnen die kosmischen Gesetze aufzeigen und sie vor Schaden bewahren. Da Menschen aber über den freien Willen verfügen, können sie sich auch gegen die geistigen Helfer abschotten. Das ist so legitim wie bei einem kleinen Kind, das sagt: »Ich will das jetzt mal alleine ausprobieren.« Engel werden einen Menschen niemals gängeln. Sie wollen ihn nur davor bewahren, sich selbst und andere unnötig zu verletzen, aber die größten Lernschritte werden oft nur durch eine bittere Erfahrung gewonnen.

Frage: Ihr nanntet einmal den Ausdruck »Fraktal« in Bezug auf die platonischen Körper, könntet ihr das bitte noch einmal näher erläutern?

Antwort: Stell dir die platonischen Körper als Bausteine mit einer bestimmten Struktur vor. Sie durchziehen wie ein dreidimensionales Gitternetz eure ganze sichtbare Welt. Diese Gitternetze breiten sich wie Fraktale vom Kleinsten bis zum Größten aus, vom Atomaufbau bis zu eurem Erdkörper, ja bis zu jedem für euch sichtbaren Himmelskörper. Also alles für euch Sichtbare ist eingebettet in diese Kraftfelder.

Mit eurem zwölffältigen Strahlungskörper taucht ihr in diese Felder ein und könnt dank eurer Sinnesorgane durch sie erfahrbare und greifbare Wirklichkeiten erzeugen. Diese Felder sind im Prinzip perfekt, um dreidimensionale Welten zur Darstellung zu bringen, sie haben nur im Rahmen eures Bewußtseinsfelds durch die atlantischen Katastrophen mehr oder weniger starke Beeinträchtigungen erfahren, wie wir dir bereits erklärten. Dies war wirklich die Büchse der Pandora, die sich öffnete, da durch die entstandenen Verzerrungen die Menschheit kollektivem Leiden, mentalen Ansteckungen und Beeinflussungen ausgesetzt wurde.

Das Lebensgefühl eines Menschen innerhalb **nicht** deformierter platonischer Kraftfelder ist erfüllt von Eigenständigkeit, Zuversicht, Manifestationskraft, Weisheit, Gesundheit und einem tiefen Glücksgefühl über sein Dasein.

Es ist also sehr wichtig, daß diese platonischen Gitternetze geheilt werden. Für die Erde selbst ist dies schon geschehen und hat den Weg für eine Schwingungserhöhung der Erde geöffnet. Aber ihr selbst habt den freien Willen und solltet die Heilung eurer platonischen Körper nicht dem Zufall überlassen, sondern aktiv daran arbeiten.

Frage: Ich habe noch nicht ganz verstanden, wie die zwölf Dimensionen mit den zwölf Farbstrahlen verbunden sind.

Antwort: Jeder der zwölf Farbstrahlen drückt besondere Qualitäten und Eigenschaften des Gottesreiches aus, die sich in allen zwölf Dimensionen zum Ausdruck bringen. Die vierte, fünfte und sechste Dimension sind die Voraussetzung für eure dreidimensionale Welt. Ab der siebten Dimension beginnen die inneren göttlichen Welten, wobei die siebte Dimension dem Informationsaustausch zwischen den äußeren und den inneren Lichtdimensionen bildet. Von der achten Dimension aus werden Veränderungen koordiniert, die in den äußeren Welten stattfinden sollen. Dies ist nur ein schematischer Hinweis, welche Aufgaben die verschiedenen Dimensionen erfüllen.

Es ist eine irrige Vorstellung zu glauben, eine höhere Dimension sei an sich schon eine bessere Dimension. In jeder Dimension können göttliche Eigenschaften, wie sie durch die zwölf Strahlen repräsentiert werden, zum Ausdruck kommen. Selbst, wenn eure Welt langsam in eine vierte und später fünfte Dimension übergeht, heißt das nicht, daß ihr euch keinen Problemen oder Entwicklungen mehr gegenüberseht. Eure Entfaltung geht weiter. In der vierten und fünften Dimension werden geistige Zusammenhänge erkannt. Das Weltbild erweitert sich in Bezug auf die Möglichkeiten des menschlichen Geistes, der Strahlungsfelder und dem verantwortlichen Umgang mit diesen erweiterten Möglichkeiten.

Da die zwölf Farbstrahlen von der Zentralsonne dieses Universums aus alle zwölf Dimensionen durchstrahlen, kannst du sie auch als Dimensionstore benutzen, indem du dich bewußt auf sie konzentrierst und in ihnen Fortschritte machst. Du könntest zum Beispiel mit Hilfe des rosa-goldenen Strahls der Liebe die Dimensionstore passieren. Als Meditationshilfe kannst du das entsprechende Bild benutzen.

Bis zur sechsten Dimension benötigt ihr die Dualität in verschiedener Weise, um euch weiterzuentwickeln. Habt ihr den rosa-goldenen Strahl der Liebe gewählt, um vorwärtszukommen, so werdet ihr also bis zur sechsten Dimension immer wieder mit einem scheinbaren Gegenpol von Liebe konfrontiert werden. Dieser scheinbare Gegenpol dient nur eurer Entwicklung, er ist wie eine Treppenstufe, die ihr überwinden müßt. Ihr seid jedoch nicht gezwungen, diese Stufe zu nehmen.

Aber irgendwann habt ihr den Wunsch, die negative Projektion zu meistern und zu überwinden, und damit wächst eure Liebe, ihr erhöht eure Schwingung und passiert ein Dimensionstor, ohne es überhaupt zu merken. Ihr bemerkt es nur daran, daß eure Manifestationsmöglichkeiten im Bereich der Liebe gewachsen sind. Zum Beispiel dadurch, daß ihr sofort das Leid eines anderen Menschen beheben könnt. Ein Geistheiler ist ein Mensch, der sich innerhalb eines Strahls durch die Dimensionstore bewegen kann und dann aus der übergeordneten Schwingung und Ordnungsstruktur heraus eine Heilung bewirkt.

Frage: Also ist alles, was uns negativ erscheint, nur eine notwendige Projektion, um an ihr zu wachsen?

Antwort: Ja, wir haben dir an mehreren Stellen des Buches einen Hinweis darauf gegeben, wie eine negative Projektion zu meistern ist:

1. Sie entspringt deiner Mentalebene, und sie hat keine Realität, außer der, die du ihr durch deinen Glauben an sie verleihst.
2. Du solltest ihr keine gedankliche und emotionale Nahrung geben und dich statt dessen intensiv mit der Liebe, der Weisheit und dem göttlichen Willen beschäftigen, also dem rosa-goldenen, dem gelben und dem blauen Strahl und dir darüber klarwerden, daß im Reich Gottes keine Disharmonie, Mangel oder Lieblosigkeit möglich sind! Wir Engel stehen immer bereit, sogenannte schwierige Lebenssituationen mit dir zusammen zu meistern.

Frage: Gibt es eine Engelsprache, wie sie Dr. John Dee und sein Medium Edward Kelly gegen Ende des 16. Jh. empfangen haben?

Antwort: Die Sprache die John Dee und Edward Kelly erhielten, der als das Medium des Universalgelehrten Dee fungierte, entspricht dem Sprachmuster eines Planeten des Vega-Systems. Sowohl John Dee, als auch Edward Kelly waren Seelen, die aus diesem Sternensystem auf die Erde inkarnierten, um ihre Fähigkeiten der Entwicklung der Menschen zur Verfügung zu stellen. Da die Wesen eines bestimmten Sternenbereichs in Gruppen inkarnieren, verbleiben immer einige Mitglieder in den nächsthöheren Dimensionen, um die Gruppe von dort aus besser koordinieren zu können. In Dees Fall versuchten mehrere Mitglieder seiner Gruppe von der fünften Dimension aus, mit ihm Kontakt aufzunehmen, um sein Erinnerungsvermögen durch die ihm bekannten Sprachmuster zu wecken. Es handelte sich hier also nicht um eine Engelsprache. Trotzdem kann es für Wesen, die aus dem Vega-System zur Erde kamen, sehr hilfreich sein, sich mit dieser Sprache zu beschäftigen.*

* s. a. Edward Kelley jun., *Die Henochische Kraft, Das Alphabet der Engel*

Was eine Engelsprache betrifft, erwähnten wir schon, daß wir Farben und Schwingungsmuster verändern können und damit eine Botschaft zum Ausdruck bringen.

Aber dies ist der Ausdruck eines Wissens, das wir aus dem uns Engeln gemeinsamen und verbindenden Feld beziehen. Es gibt bei uns keine plötzlichen, individuellen Umbrüche oder Änderungen, die kommuniziert werden müßten. Veränderungen bahnen sich wie ein sehnsuchtsvoller Ton oder Akkord an, an dem alle Engel eines Farbstrahls teilhaben, wir wissen dann genau, vielleicht vergleichbar mit den Musikern eines Orchesters, welche Rolle wir zu spielen haben oder welche Aufgabe wir übernehmen sollen.

*Frage: Im Kapitel über Buchstaben und Sprachen (**Teil II**, S. 164) sagt ihr, daß Suggestion eine der Voraussetzungen für Kirche ist. Kann Kirche nicht für viele Menschen heute viel mehr sein, zum Beispiel ein ethischer Halt?*

Antwort: In diesem Kapitel bezogen wir uns auf die religiöse Ausübungspraxis früherer Jahrhunderte. Die alten Religionen, wie ihr sie heute erlebt, sind in ihrem Kultus eigentlich Derivate sehr alter Kulturen und deren rituellen Handlungen. Ihr habt bisher nur sehr wenige Überreste dieser Kulturen gefunden, eine bekannte Ausnahme ist die große Sphinx auf dem Gizeh-Plateau, die sehr viel älter ist als die ägyptischen Priesterregierungen.

Der religiöse Kult war in diesen sehr alten Zivilisationen ein vorbereitendes und reinigendes Ritual, dem dann eine wirkliche Begegnung mit einem Wesen einer höheren Dimension folgte. Für alle Teilnehmer war das ein wahrhaft erhebendes Erlebnis. Zum Kreis derer gehören zu dürfen, die an diesem vorbereitenden Ritual teilnahmen, war eine große Ehre und setzte Verdienste um die Gemeinschaft voraus oder ein Leben, das man ganz der Verbindung zu höheren Dimensionen weihte.

Die sichtbare Begegnung mit einem Wesen einer höheren Dimension hatte große Folgen für jeden einzelnen Teilnehmer. Es war Ansporn, Belehrung und eine Erhöhung der eigenen Schwingung. Die Teilnehmer, die Augenzeugen dieser Sichtbarwerdung eines höherdimensionalen Wesens waren, vermittelten ihre Zeugenschaft und ihre Erkenntnisse an ihre Umwelt. Diese Art von Begegnung ist immer noch die Grundlage jeder Religion. Es geht immer um Wesen, die »herabsteigen«, sich dem Menschen genähert haben und wieder verschwunden oder »aufgestiegen« sind.

Nachdem aus vielen Gründen die Begegnung mit einer höheren Welt nicht mehr möglich war, blieben die Priesterkasten in einer Art Wartezustand zurück. Die Lehren der höherdimensionalen Wesen wurden niedergeschrieben, und man stritt sich um die Auslegung, verfälschte sie auch um des persönlichen Machterhalts willen. Dieser Niedergang der Priesterkaste begann erst, nachdem es keinen authentischen Austausch mehr zwischen den Dimensionen gab. Da die Priester in ihren Kulturen viel Macht besaßen und Weisungsbefugnis hatten, mußten sie, um an der Macht zu bleiben, einfach weiterhin den Eindruck erwecken, sie stünden mit einer höheren Macht im Bunde und seien von ihr autorisiert. Man versuchte mit Prunk und magischen Praktiken, das Volk zu beeindrucken. Hochentwickelte intergalaktische Seelen, die bisher immer in den Priesterkasten inkarnierten, sahen sich deshalb gezwungen andere Inkarnationsmöglichkeiten für sich in Betracht zu ziehen.

Nach diesem Fall der alten Kulturen und der Trennung von ihren kosmischen Verbindungen versuchten immer wieder große Meisterseelen eine religiöse Erneuerung zu initiieren. Daß sie aus höheren Dimensionen stammten, bewiesen sie durch Heilungen und Wunder, die sie während ihres Lebens vollbrachten. Sie standen außerhalb der institutionalisierten Priesterschaft und versuchten, durch ihr Leben und ihre Lehren direkt in Kontakt mit den einfachen Menschen zu kommen. Für diese Meisterseelen war es ein äußerst schwieriger und abenteuerlicher Versuch, ihr Wissen an den Priesterkasten vorbei den Menschen direkt zu übermitteln. Es ist viel einfacher, einem gebildeten und vorbereiteten Kreis eine kosmische Weisung zu überbringen, als einfachen Menschen in Form von Gleichnissen kosmische Wahrheiten zu vermitteln.

Wir wollen damit nicht sagen, daß eure heutigen Kirchen und Religionsauslegungen keinen ethischen Anspruch erheben. Diese Institutionen haben aber nichts mehr gemein mit dem, was Religion (*religio* = Rückbindung) einmal wirklich bedeutete, nämlich Rückbindung in einer höheren kosmischen Ordnungsstruktur und deren wahrheitsgetreue Übermittlung.

Frage: Wieso kam es zu einer Trennung der Verbindung zwischen den Priesterschaften und den übergeordneten Welten?

Antwort: Eine kosmische Zivilisation, die bisher alle Vorgänge in eurem Sonnensystem geleitet und überwacht hatte, mußte turnusgemäß diese Aufgabe an eine andere kosmische Zivilisation abgeben. Der Übergang von der einen zur anderen kosmischen Einflußnahme ist in kosmischen Zeitmaßen gerechnet sehr kurz gewesen, für die Erdzeit bedeuteten aber etwa zweitausend Jahre einer kosmischen Übergangsphase ohne Rückbindung an eine übergeordnete geistige

Struktur eine Herausforderung, der sich viele der Priester nicht gewachsen sahen. Viele Wesen aus der abdankenden kosmischen Zivilisation waren an der Spitze der Priesterschaften und traten nun den Heimweg an. Sie überließen ihre Positionen gut ausgebildeten Schülern, und sie hinterließen auch ein ausführliches kosmologisches Wissen verbunden mit ethischen Grundsätzen und vertrauten darauf, daß die nachfolgende Priesterschaft genug Weisheit, Liebe und Klarheit besitzen würde, um diese Übergangszeit zu meistern.

Aber nachdem sich die kosmischen Meister zurückgezogen hatten, brachen fast immer Machtkämpfe aus, in deren Folge jene Zivilisationen in eine Abwärtsspirale gerieten. Viele Priester, die persönliche Schüler der intergalaktischen Meister gewesen waren, verließen die großen Tempelanlagen zusammen mit ihren Familien, und das Wissen zersplitterte sich auf viele Gruppen. Ab diesem Zeitpunkt begann für diese Schüler eine große Bewährungsprobe, eine Überprüfung ihres wirklichen Wissens, denn sein Wissen innerhalb großer, geschützter Tempelanlagen aufzubauen und dabei der alltäglichen Sorge um Nahrung und Obdach enthoben zu sein, ist ein vergleichsweise angenehmer Zustand gegenüber dem Leben als Flüchtling. Das Wissen um das Eingebettetsein in eine kosmische Ordnung trotz Flucht, Vertreibung und anderen Schwierigkeiten aufrechtzuerhalten, war die Aufgabe, der sich diese Splittergruppen gegenübersahen.

Etwa zu dieser Zeit baute auch die atlantische Zivilisation ihre technisch orientierte Kultur auf: mit dem bekannten zerstörerischen Ausgang. Die Splittergruppen der alten Kulturen gaben dort, wo sie sich angesiedelt hatten, ihr Wissen innerhalb der Familien weiter, aber auch an ausgewählte Personen, der sie umgebenden einfachen, oft nomadischen Bevölkerung. So vermischte sich das alte kosmologische Wissen mit den weitverbreiteten Fruchtbarkeitskulten, dem Glauben an Naturgötter und wurde so zum Nährboden neuer religiöser Vorstellungen.

Frage: Inwieweit spiegelt das Alte Testament Wahrheiten über diese Zeit?

Antwort: Das religiöse Wissen des Judentums entstammte der Priesterkaste einer voratlantischen Zivilisation. Dreizehn Priesterfamilien hatten sich wegen der obengenannten Schwierigkeiten auf den Weg gemacht, um sich an einem anderen Ort niederzulassen. Die Erinnerung an diese dreizehn Priesterfamilien spiegelt sich noch in der mythologischen Vorstellung der ursprünglich dreizehn hebräischen Stämme. Diese Familien vermischten sich mit der damaligen Bevölkerung Kanaans. Das Wissen wurde mündlich weitergegeben und vermischte sich später, während der sogenannten babylonischen Gefangenschaft, mit der babylonischen Mythologie. Erst danach begann die Zeit der schriftlichen Aufzeichnungen, vieles wurde abgeändert, konnte nicht mehr richtig gedeutet werden und wurde deshalb verfälscht niedergeschrieben. Es ist deshalb sehr schwierig, aus dem Alten Testament den wahren Kern herauszufiltern. Das jüdische Volk zeichnet sich durch besondere geistige Möglichkeiten aus und bietet immer wieder hochentwickelten Seelen die Möglichkeit zur Inkarnation. Da sich das Schwingungsgefüge der Erde erhöht, wird es auch diesen Stämmen in Zukunft gelingen, sich zu entfalten und unbehelligt zu leben.

Frage: Ihr sagtet, daß die Atlanter ihre Zivilisation etwa zeitgleich mit dem Niedergang der alten Kulturen aufbauten. Ich dachte Atlantis wäre die früheste außerirdische Kultur gewesen?

Antwort: Die Geschichte der Erdbevölkerung ist viel komplexer, als du dachtest. Seit zigtausend Jahren wurde die Erde immer wieder sporadisch, lokal und auf begrenztem Territorium von außerirdischen Rassen besiedelt, die sich im Laufe von Generationen an die Möglichkeiten der Erde anpaßten. Gleichzeitig entwickelte sich hier eine Erdbevölkerung, die in Stammesverbänden oder Sippschaften und in enger Symbiose mit der Natur lebte. Sie waren weit davon entfernt, die technologischen Möglichkeiten von Außerirdischen zu erfassen.

Immer wieder kam es zu freiwilligen oder unfreiwilligen Begegnungen dieser so unterschiedlichen Bevölkerungsgruppen. Sie lösten auf beiden Seiten Neugier und Staunen aus und wurden auf Seiten der Erdbevölkerung oft durch Kunstwerke verewigt. Manchmal kam es auch zum Austausch und zu Belehrungen, indem ein Erdbewohner mitgenommen wurde und man ihm die Möglichkeiten einer fortgeschrittenen Zivilisation zeigte. Das war aber die Ausnahme.

Durch solche Begegnungen entstand auf Seiten der Erdbevölkerung ein primitiver Götterglaube, weil man von alldem, was man sah, ungemein beeindruckt war. Es gibt immer wieder Artefakte auf eurer Welt, die auf eine kosmische Begegnung hinweisen. In Afrika, in Südamerika, auf den Osterinseln und an vielen weiteren Orten dieser Welt kannst du fündig werden, wenn dich dieses Thema interessiert. Manche außerirdische Zivilisation degenerierte unter dem Einfluß der Erde, die damals zwischen der dritten und der vierten Dimension pendelte, den Mayas aber gelang ein kollektiver Entwicklungsschritt, und sie gingen gemeinsam in die vierte und später in weitere Dimensionen über. Dieses Volk war aber eine Ausnahme. Für die kosmischen Besucher waren die Bedingungen auf der Erde im allgemeinen eine große Herausforderung. Nur die

Mayas nützten die Schwierigkeiten, denen sie sich gegenübersahen, um sich geistig weiterzuentwickeln. Statt nach technologischem Fortschritt zu streben versuchten sie, ihren Geist zu schulen.

Die Reste der Versuchskulturen außerirdischer Zivilisationen sind in den großen geologischen Umformungen der Erde untergegangen oder harren auf dem Meeresgrund ihrer Entdeckung. Erst später kamen die Atlanter, deren genetische Experimente und Vermischungen Fehlentwicklungen waren, an denen sie gescheitert sind.

Bei den großen Erdkatastrophen gab es immer Überlebende, die sich danach im Lauf der Zeit vermehrt und vermischt haben. Die Rassen, die du heute siehst, entstammen zu einem kleinen Teil auch diesen »Sternensaaten« und sollten jetzt zu **einer** Weltbevölkerung zusammenwachsen.

Da die Erde dabei ist, wieder in die höheren Oktaven der dritten und zum Teil auch der vierten Dimension aufzusteigen, werden einige der Artefakte der alten Kulturen wiederentdeckt werden, und die Geschichte der Erdbevölkerung wird dadurch eine Tiefendimension erhalten. Ebenso werden die galaktischen Verbindungsmöglichkeiten, die abgerissen sind, wieder aufgenommen werden, und eine Einbettung in eine intergalaktische Gemeinschaft wird sich anbahnen. Vorher wird sich die Wissenschaft des Geistes stark entfalten, also die Fähigkeit mit der kosmischen Intelligenz zu kommunizieren und, von ihr inspiriert, wissenschaftliche und soziale Veränderungen einzuleiten.

Frage: In den Medien wird das Jahr 2012 sehr hochgespielt und dabei Weltuntergangsstimmung verbreitet. Was hat es mit diesem Datum auf sich?

Antwort: Nachdem du dich jetzt schon ein wenig mit Zahlen auskennst, (s. a. **Teil II: Die Zahlenlehre der Engel**, S. 155), ahnst du vielleicht in welche Richtung 2012 eine Bedeutung haben könnte. Als erstes siehst du hier die Zwei als die Zahl für Kommunikation und Verbindung, die durch die Null noch verstärkt wird. Dann kommt die Zwölf, die für anspruchsvolle spirituelle Entwicklungsschritte steht.

Die Aufgabe dieses Jahrtausends, vor allem seines ersten Jahrhunderts ist: Verbindung zu schaffen, Wissen auszutauschen und zu verteilen und damit allen Menschen zugänglich zu machen. Die Zwölf beinhaltet die Chance, einen großen spirituellen Schritt zu machen. Aus unserer Sicht ist es so, daß einige eine drastische Schwingungsveränderung durchlaufen werden und bei anderen die Herausforderung der Zwölf auch starke Ängste auslösen wird.

Das beste Mittel gegen Angst ist Liebe. Wenn man sich vor große angstmachende Herausforderungen gestellt sieht, ist der erste und wichtigste Schritt, sich in sein Herzzentrum zu begeben (s. a. **Teil I: Die Engel des rosa-goldenen Strahls**, S. 56) und von dort aus die weiteren nötigen Schritte zu unternehmen. Jeder einzelne Mensch wird mit den Herausforderungen dieser Jahreszahl **2012** individuell konfrontiert werden, z. B. kann es für spirituell ausgerichtete Menschen ein Jahr der Erfüllung werden.

Prinzipiell gibt es keine Daten, die euch in irgendeiner Form Angst machen sollten. Wie du weißt, entstammt dieses Datum dem Mayakalender, und dieses Volk hat einen kollektiven Entwicklungssprung in eine andere Schwingungsoktave gemacht. Potentiell habt ihr auch die Möglichkeit dazu. Laßt euch in keiner Weise von angstmachenden Voraussagungen, Nachrichten und ähnlichem verrückt machen.

Leben ist so viel mehr, als euch in euerem eingeschränktem Bewußtsein klar ist, und so könnte **2012** diesbezüglich für euch eine große Erweiterung darstellen.

Frage: Soll damit angedeutet sein, daß die Erde wieder kosmischen Kontakt bekommt?

Antwort: Kosmische Kontakte finden bereits weltweit statt, durch Channelings und ähnliche ungewöhnliche Erfahrungen, die einzelne Menschen überall auf der Welt machen. Diese Erfahrungen bestimmen nur nicht den öffentlichen Diskurs, und Menschen, die sich diesbezüglich laut zu Wort melden, werden als Sonderlinge und Spinner abgestempelt. Es gibt Menschen unter euch, die in der Lage sind, Naturwesen wahrzunehmen, andere wiederum haben Erscheinungen von Engeln oder Außerirdischen. Das Gros der Menschen ist aber schwingungsmäßig so moduliert, daß solche Erscheinungen außerhalb des für sie Denkbaren und deshalb auch außerhalb des für sie Erfahrbaren stehen.

Denk daran, daß deine mentale Ebene dein Erleben hier auf Erden steuert. Ob ein Engel oder ein außerirdischer Besucher deinen Weg kreuzt oder ob du ein banal normales Leben führst, hängt mit deinen Erwartungshaltungen, deinen Grundüberzeugungen und mit dem für dich Denkbaren zusammen. Was du nicht tief innerlich erwartest, wird auch niemals auf dem dreidimensionalen Bildschirm deines Lebens in Erscheinung treten. Die tiefen Sehnsüchte nach etwas Außergewöhnlichem, die ein Mensch in sich trägt, sind die Kräfte, die ungewöhnliche und metaphysische Ereignisse ins Leben ziehen. Ein ausschließlich materiell ausgerichtetes Leben wird dich gegen solche ungewöhnlichen Erfahrungen abschotten.

Was du prinzipiell nie für möglich hältst, wird für dich auch nie möglich werden. Das betrifft auch die Tatsache, mit Engeln in Kontakt zu kommen. Du mußt dieser Möglichkeit eine Chance einräumen, du mußt dein Denken dahingehend öffnen, sonst ist der Kontakt zu den Engeln, die dir grundsätzlich zur Seite stehen, sehr schwierig.

Viele Menschen haben nur noch eine rudimentäre Form der Öffnung, nämlich den Aberglauben und die Zeichendeutung. Um den Kontakt nicht völlig zu verlieren, müssen wir manchmal auch auf diesem extrem eingeschränkten Weg mit unseren Schützlingen kommunizieren.

Frage: Wenn ich den Kontakt zu Engeln intensivieren möchte, ist es dann besser irgendwo allein auf dem Land zu leben, weit ab vom Getriebe einer Stadt?

Antwort: Für die Engel, die dich begleiten oder die dir sporadisch zur Seite stehen, ist es unerheblich, ob du in der Stadt oder auf dem Land wohnst. Du hast nur in der Stadt weitaus mehr Möglichkeiten, dich abzulenken und das Lauschen in die Stille hinein zu verlieren. Wenn aber deine Kanäle in die geistige Welt hinein geöffnet sind und du diese Verbindung bewußt praktizierst, kann die Verbindung zu den inneren Welten in der Stadt genauso aufrechterhalten werden. Derart innerlich stabilisierte Menschen sind im Getriebe der Stadt sogar besonders wichtig. Aber glaube nicht, daß es einfach ist, die innere Stille zwischen Verkehrslärm, Abgasen und Hektik aufrechtzuerhalten. Ihr solltet euch dann immer wieder periodisch in die Stille der Natur zurückziehen, um diese innere Verbindung zu erneuern.

Frage: Ich möchte noch mal auf das Thema Gesundheit zurückkommen, zu dem ihr in den Texten der Engel des grünen Strahls Stellung genommen habt. Mich interessiert die Aussage, daß Hände und Füße für die Gesundheit eine große Bedeutung haben und was sie mit den Farbstrahl-Feldern zu tun haben?

Antwort: Wir haben das Thema deshalb nicht vertieft, weil wir glauben, daß ihr mit der Arbeit an den platonischen Feldern schon genug zu tun habt. Diese Übungen mit den platonischen Körpern sind nicht einfach und stellen schon höhere Anforderungen an euer Vorstellungsvermögen. Weil dich das Thema mit den Händen aber so interessiert, nur so viel dazu:

Wenn ihr die Arme ausbreitet, wie die berühmte Gestalt von Leonardo da Vinci, ergibt sich eine Querachse von der linken zur rechten Hand. So wie ihr in eurer Vertikalen in der Lage seid, das goldene Licht als Achse euren Körper durchströmen zu lassen, so seid ihr ebenso in der Lage, den goldenen Strahl mit der Innenfläche eurer linken Hand aufzunehmen. Das goldene Licht durchströmt euch dann als Querachse und kann mit der Innenfläche der rechten Hand wieder abgegeben werden, bei manchen Menschen eventuell auch als Heilstrahl. Der senkrechte und der waagerechte goldene Strahl treffen sich etwa an der Stelle, an der auch eure Thymusdrüse sitzt, euer körperliches Äquivalent zum grünen Strahl. Gegenläufig zum goldenen Strahl wird der silberne Strahl von der rechten Handinnenfläche aufgenommen und von der linken Handinnenfläche abgegeben. Beide Hände sind also sowohl aufnehmend als auch abgebend.

Eure Finger sind wie Antennen. Jeder einzelne Finger ist für ein bestimmtes Farbspektrum empfänglich und zwar für die Einstrahlung der Farben, die von eurer Basis, also vom rubinrot-goldenen Strahl bis zum grünen Strahl reichen. Der Daumen öffnet sich dem grünen Lichtspektrum (»Grüner Daumen«), der Zeigefinger dem rosaroten, der Mittelfinger dem gelben, der Ringfinger dem orangeroten und der kleine Finger dem rubinrot-goldenen Strahl. Die Fingerkuppen, vor allem die Nägel sind sehr empfänglich für dieses Lichtspektrum, und gesundheitliche Störungen im Bereich dieses Spektrums könnt ihr deshalb auch leicht an den Fingernägeln erkennen. Das Licht sollte möglichst von Nagellacken ungehindert einströmen können. Das Händewaschen kann durchaus zu einem Ritual werden, wenn man sich dabei vorstellt, wie das Licht jetzt wieder ungehindert einströmen kann. Jede Arbeit, die ihr mit den Händen verrichtet, kann durch die einströmenden Strahlen veredelt werden. Denkt hier zum Beispiel an das Zubereiten von Mahlzeiten.

Bei euren Füßen tritt der silber-weiße Strahl ein, am stärksten spürbar an euren Fußsohlen in der Mitte. Wie bei den Fingern öffnet sich auch jede Zehe einem bestimmten Lichtspektrum und korrespondiert mit den Farbeinströmungen an eurem Kopf, am Knie und am Fußgelenk. Der große Zeh öffnet sich für das violette Licht, der zweite für das aquamarinfarbene, der mittlere für das blaue, der vierte für das magentafarbene und der kleine Zeh für das opalfarbene Licht.

Natürlich wäre es gut, wenn ihr oft barfuß gehen und sowohl das Sonnenlicht als auch die Strahlung der Erde über eure Füße aufnehmen könntet. Gerade die Fußzehen sind in eurer Zivilisation oft in beengtem Schuhwerk verkrümmt, können sich nicht entfalten und können ihre Aufgabe, farbiges Licht aufzunehmen, nur bedingt erfüllen. Hier kann die Vorstellungskraft viel helfen. Nehmt zuerst einmal Hände und Füße als sehr wichtige Körperteile wahr und macht einmal eine ganz bewußte Hand- und Fußmeditation.

Übung:

Versucht jeden einzelnen Finger, zuerst von eurer linken und dann von eurer rechten Hand und anschließend jeden Zeh zu erspüren. Wenn dies am Fuß nicht gelingt, so berührt den einzelnen Zeh und vergegenwärtigt euch dabei, für welches Lichtfeld der jeweilige Finger oder der jeweilige Zeh sich öffnet. Das ist eine sehr stärkende Übung, die auch zu eurer Konzentrationskraft beiträgt.

Durch die Füße seid ihr mit dem Erdfeld verbunden und zwar durch den silber-weißen Strahl der Reinheit, des Ursprünglichen und Lebendigen. Da große Areale eures Gehirns sowohl mit den Händen als auch mit den Füßen verknüpft sind, klärt ihr also auch euren Kopf, wenn ihr euch euren Händen und Füßen widmet.

Frage: Ich habe noch eine Frage zu den sogenannten neuen Kindern, die seit 1989 auf die Welt kommen sollen, und zwar sowohl zu den Indigokindern als auch zu den Kristallkindern. Gibt es sie wirklich und, wenn ja, haben sie dann einen anderen Zugang zu den Farbstrahlen?

Antwort: Schon vor 1989 inkarnierten auf der Erde humanoide Wesen der sogenannten »Blauen Rasse«. Es ist eine fortgeschrittene Zivilisation einer unteren Oktave der sechsten Dimension. Sie kann sich nur durch Dienst wei-terentwickeln. Es gehört zur normalen Ausbildung dieser Wesen, irgendwo im Kosmos auf einer weniger weit entwickelten Welt einen selbstlosen Dienst zu leisten. Aus eurer Zeitperspektive für eine sehr lange Zeit, aber für die Seelen der Blauen Rasse ist es etwa so, wie wenn bei euch für ein Jahr Zivildienst gelei-stet wird. Bisher war die Schwingung der Erde so niedrig und schwierig, daß nur wenige Seelen der Blauen Rasse hierher kamen. Seit 1989 hat sich aber die Schwingung der Erde laufend erhöht. Die hochfrequenten kosmischen Schwingungen, die auch das Strahlungsfeld euerer Sonne verändern, wandeln eure DNA, und hochentwickelte Wesen können in zunehmend größerer Zahl auf eurer Erde inkarnieren.

Wie es der Name schon zum Ausdruck bringt, hat sich die Blaue Rasse sehr weit im blauen Farbstrahl entwickelt, das heißt, sie bringt die Eigenschaften und Qualitäten dieses Strahls in vorbildlicher Weise zum Ausdruck. Diese Farbe umgibt sie wie ein Kleid, bzw. scheinen sie diese Farbe direkt auszustrahlen. Die Wesen der Blauen Rasse suchen sich hier auf Erden oft einen Geburtsstrahl im violetten, aquamarinfarbenen, im rosa, im gelben, im opalfarbenen und im silber-weißen Strahl, weil diese Strahlen für sie eine Erweiterung und Schulung darstellen. Sie bringen also die Qualitäten des blauen Strahls, die sehr machtvoll sind, hier zum Ausdruck, sind aber zugleich Lernende in den Farbstrahlen, die sie für ihre Geburt auf der Erde gewählt haben.

Hat man als Eltern mit solchen Seelen zu tun, steht man vor der Aufgabe zu erkennen, wo sich die überlegene Seelenqualität des Kindes zeigt, worin es also auch den Eltern voraus ist, aber andererseits auch zu erkennen, wo diese Kinder Lernende sind und der Hilfestellung und Grenzsetzung der Eltern bedürfen. Da der blaue Strahl eine immense und durchdringende Stärke besitzt, ist es wichtig für diese Kinder, von Anfang an klare und einsichtige Regeln und Grenzen gesetzt zu bekommen. Eltern dürfen nicht den Fehler begehen, vor der starken Präsenz dieses Strahls zurückzuweichen. Im Gegenteil, die Eltern haben die Aufgabe als kenntnisreiche Erdenbürger diesen Neuankömmlingen eine klare Struktur zu geben.

Gleichzeitig sollten die Eltern offen sein für all das Neue und Außergewöhnliche, was diese Kinder in ihr Leben bringen können. Diese Kinder sind mit besonderen Gaben und Fähigkeiten ausgestattet, die es zu erkennen gilt. Diese Fähigkeiten, wie zum Beispiel Hellsichtigkeit und Hellhörigkeit, also all die Fähigkeiten, die in einer höheren Dimension selbstverständlich sind, sollten nicht unterdrückt werden, sondern man sollte versuchen, diese Gaben ganz natürlich in das Alltagsgeschehen einzubauen und die Kinder in diesen Fähigkeiten ernst nehmen. Aber es wäre ein großer Irrtum zu glauben, daß sie wegen dieser Fähigkeiten keiner Leitung der Eltern mehr bedürften, sie sind im Gegenteil besonders auf die Führung der Eltern angewiesen.

In zunehmenden Maß kommen auch die sogenannten Kristallkinder auf diese Welt. Es sind Seelen aus den inneren Lichtreichen, die mit einem vollkommenen Strahlungskörper ausgestattet sind. Sie haben einen leichten und spielerischen Zugang zu allen zwölf Strahlen, wollen aber als Seelen ihr Strahlungsfeld erweitern und sich deshalb in einem der zwölf Farbstrahlen weiterentwickeln. Sie inkarnieren häufig im goldenen, grünen, rosa-goldenen, orangeroten, rubinrot-goldenen und magentafarbenen Strahl.

Die Eltern haben hier vor allem die Aufgabe, die Kinder liebevoll zu erden. Für diese Seelen ist es derart neu und ungewöhnlich, im Seinszustand einer menschlichen Existenz zu sein, daß sie oft schon genug damit zu tun haben, sich an körperliche Vorgänge wie die Verstoffwechslung des Essens zu gewöhnen. Atmen, Essen, Trinken und Ausscheiden ist ihnen zutiefst fremd, und sie brauchen deshalb eine längere Zeit der Eingewöhnung. Vieles was euch Menschen selbstverständlich ist, bereitet ihnen Furcht.

Es ist also wichtig, sie liebevoll und lebensvertrauend aufzuziehen und ihnen Zeit zu lassen, sich mit den Gegebenheiten einer irdischen Existenz vertraut zu machen. Man kann sie nach außen sehr gut in die Schublade »Spätentwickler« einordnen. Wenn es gelingt, sie liebevoll und unbeschadet in der menschlichen Gesellschaft zu integrieren, können sie wunderbare Neuerungen und geniale Ideen einbringen, die die Gesellschaft zu ihrer Entwicklung unbedingt benötigt. Sie sind sehr schnell bereit, aus einer Verkörperung wegzugehen, wenn sie merken, daß die Bedingungen für sie nicht optimal sind. Sie brauchen in der Baby- und Kleinkindphase liebevollste Aufmerksamkeit und auch in der Jugendphase mehr Bereitschaft der Eltern, sich durch erklärende Gespräche und Betreuung einzubringen.

Diese Kinder werden sehr dazu beitragen, daß sich das Bewußtsein der menschlichen Bevölkerung der vierdimensionalen Ebene nähern wird. Durch diese Kinder wird sich ein anderes Zeitbewußtsein auf der Erde etablieren. Da sie in großer Anzahl inkarnieren werden, wird die Schwingung ihres Mentalkörpers zum Schrittmacher für eine veränderte Wirklichkeit.

Sie werden in großer Zahl, vor allem auch in den Spannungsgebieten eures Planeten auf die Welt kommen. Sie werden die Inkarnationskreisläufe mit den ewig gleichen Mustern des gegenseitigen Hasses durchbrechen. Es kommt also nicht **ein** großer kosmischer Meister auf die Erde, sondern sehr **viele** Wesen, die eine veränderte Sicht der Wirklichkeit haben, und diese Sichtweise wird eine Sogwirkung entfalten. Veraltete Vorstellungen, wie sie in vielen Institutionen vertreten werden, werden durch sie eine Umwandlung erfahren.

Während ich noch an den Engeltexten arbeitete erhielt ich von den Engeln 144 Affirmationen, die sie Ordnungssätze nannten. Es waren immer zwölf Ordnungssätze für jeden einzelnen Farbstrahl. Auf diese Sätze nehmen die Engel Bezug in meiner letzten Frage.

Frage: *Es gibt Zeiten, in denen ich den Eindruck habe, daß ich das Wissen, das ihr mir gegeben habt, verfügbar habe und es auch bewußt in meinem Leben* *einsetzen kann, und dann gibt es wieder Tage, an denen mich der Alltag überwältigt und ich das Gefühl habe, meilenweit von eurer Inspiration entfernt zu sein.*

Antwort: Das ist der normale Prozeß, wie ihr euch im Augenblick langsam aus den dreidimensionalen Vorstellungswelten herausarbeitet. Ihr könnt eine gewisse Zeit lang eine höhere Schwingung aufrechterhalten und fühlt euch dann leicht und inspiriert, und dann wirft wieder ein äußeres Ereignis einen Schatten auf euch und holt alte Ängste und Unsicherheiten hervor. Inzwischen weißt du, daß dann deine feinstofflichen Elementekörper langsamer schwingen. Alles erscheint dir dann wieder schwerer und bedrückender, und die Lage der Welt ernst und aussichtslos. Du scheust dich davor, zu meditieren, weil du ahnst, daß du dann deinen Ängsten um so mehr ins Gesicht sehen mußt.

In diesem Fall vertraue bitte darauf, daß das, was du bist und was auch jeder andere Mensch in Wirklichkeit ist, so viel mehr ist als ein augenblicklicher Gemütszustand. Hinter dir und jedem anderen Menschen steht die universelle Intelligenz, das universelle Licht. Gleichgültig, wie miserabel du dich fühlst, du kannst darauf vertrauen, daß alle Dinge in deinem Leben von dieser universellen Intelligenz gelenkt sind.

Das Licht, das der Erde zuströmt, ist im Augenblick so stark, daß sich alles und alle nach dieser höheren Intelligenz und Ordnungskraft ausrichten müssen. Dieses Licht wirkt wie ein Magnet, der die Eisenspäne zu sich zieht. Aus dem scheinbaren Durcheinander, sowohl im individuellen Seelenleben als auch auf gesellschaftlicher Ebene, wird sich eine neue Ordnungsstruktur durchsetzen, die auf das höhere Schwingungsniveau, das die Erde und ihre Bewohner erreichen werden, abgestimmt ist.

Wir haben dir die 144 Ordnungssätze gegeben für die Zeiten, in denen es euch nicht so gut geht, wenn Altes hochgewirbelt wird, ihr in Verwirrung seid und wenn es euch deshalb nicht gelingt, in die Stille zu kommen. Wir haben diesen Sätzen einen ordnenden Impuls verliehen, und sie sollen für euch ein helfendes Instrument sein, wieder in eure Mitte zu kommen.*

* Diese 144 Ordnungssätze sind in einem gesonderten Kartenset enthalten. Informationen dazu erhalten sie über den Verlag bzw. direkt unter www.neue-erde.de.

Schnittbogen für einen Dodekaeder

Bücher von NEUE ERDE im Buchhandel

Im deutschen Buchhandel gibt es mancherorts Lieferschwierigkeiten bei den Büchern von NEUE ERDE. Dann wird Ihnen gesagt, dieses oder jenes Buch sei vergriffen. Oft ist das gar nicht der Fall, sondern in der Buchhandlung wird nur im Katalog des Groß- händlers nachgeschaut. Der führt aber allenfalls 50% aller lieferbaren Bücher. Deshalb: Lassen Sie immer im VLB (Verzeichnis lieferbarer Bücher) nachsehen, im Internet unter **www.buchhandel.de**

Alle lieferbaren Titel des Verlags sind für den Buchhandel verfügbar.

Sie finden unsere Bücher in Ihrer Buchhandlung oder im Internet unter **www.neue-erde.de**

Bücher suchen unter: **www.buchhandel.de**. (Hier finden Sie alle liefer- baren Bücher und eine Bestellmöglichkeit über eine Buchhandlung Ihrer Wahl.)

Bitte fordern Sie unser Gesamtverzeichnis an unter

NEUE ERDE GmbH
Cecilienstr. 29 . D-66111 Saarbrücken
Fax: 0681 390 41 02 . info@neue-erde.de